La responsabilisation du détenu dans la vie carcérale

BIBLIOTHÈQUES DE DROIT

COLLECTION FONDÉE ET DIRIGÉE PAR JEAN-PAUL CÉRÉ
Maître de Conférences à l'Université de Pau et des Pays de l'Adour

Cette collection a pour vocation d'assurer la diffusion d'ouvrages scientifiques sur des thèmes d'actualité ou sur des sujets peu explorés dans le domaine des sciences juridiques. Elle se destine notamment à la publication de travaux de jeunes chercheurs.

Ouvrages parus :

S. GRUNVALD et J. DANET, La composition pénale. Une première évaluation
G. ROUSSEL, Les procès-verbaux d'interrogatoire. Rédaction et exploitation

Isabelle Denamiel

La responsabilisation du détenu dans la vie carcérale

L'Harmattan
5-7, rue de l'École-Polytechnique ; 75005 Paris
FRANCE

L'Harmattan Hongrie
Könyvesbolt
Kossuth L. u. 14-16
1053 Budapest

Espace L'Harmattan Kinshasa
Fac. Sciences. Soc, Pol. et Adm.
BP243, KIN XI
Université de Kinshasa – RDC

L'Harmattan Italia
Via Degli Artisti, 15
10124 Torino
ITALIE

L'Harmattan Burkina Faso
1200 logements villa 96
12B2260 Ouagadougou 12
BURKINA FASO

www.librairieharmattan.com
diffusion.harmattan@wanadoo.fr
harmattan1@wanadoo.fr

ISBN : 2-296-01323-6
EAN : 9782296013230

Remerciements

Je tiens à remercier de façon générale tous ceux qui, de prés ou de loin, consciemment ou inconsciemment, ont contribué à l'aboutissement de ce travail.

J'adresse mes remerciements particuliers à tous les services qui m'ont accueillie et tous les professionnels qui m'ont consacré un peu de leur temps.

Merci à Monsieur P. MBANZOULOU pour avoir accepté d'être mon directeur de mémoire, pour sa disponibilité, pour ses conseils, pour son attention et sa qualité d'écoute, ainsi qu'à l'ensemble de l'équipe du Master « exécution des peines et droits de l'homme ».

Enfin un merci spécifique à l'ensemble de ma famille et de mes amis tout simplement pour leur soutien et leur confiance infaillible en moi.

« Le plus lourd fardeau, c'est d'exister sans vivre ».

Ceux qui vivent sont ceux qui luttent.

Les châtiments, 1853

Victor HUGO.

A ma mère,

A Jean Pierre.

Principales abréviations

AJP	Actualité Juridique Pénale
Art	Article
CD	Centre de Détention
Cf.	Confer
CIP	Conseiller d'Insertion et de Probation
CLI	Commission Locale d'Insertion
CLO	Commission Locale d'Orientation
CP	Code Pénal
CPP	Code de Procédure Pénale
DPS	Détenu Particulièrement signalé
DR	Direction Régionale
ENAP	Ecole Nationale d'Administration Pénitentiaire
GENEPI	Groupement d'Etudiants National d'Enseignement aux Personnes Incarcérées
Infra	Voir ci-après
MA	Maison d'Arrêt
OIP	Observatoire International des Prisons
p., pp	Page (s)
PEP	Projet d'Exécution de Peines
PS	Permission de Sortir
RAP	Recours Administratif Préalable
RFDA	Revue Française de Droit Administratif
RPE	Règles Pénitentiaires Européennes
RPS	Réduction de Peine Supplémentaire
RSC	Revue de Science Criminelle et de droit pénal comparé
s.	Suivantes
SMPR	Service Médico-Psychologique Régional
SPIP	Service d'Insertion et de Probation
Supra	Voir précédemment
UCSA	Unité Consultative de Soins Ambulatoire
UVF	Unité de Vie Familiale

Introduction

1. Dans un contexte d'individualisme croissant de la société, la responsabilisation de chacun est invoquée, aujourd'hui plus que jamais, à l'appui des actions les plus importantes menées dans tous les domaines. Ainsi l'appel à la responsabilisation du patient constitue le fil conducteur de l'approche gouvernementale de la réforme de l'assurance maladie. De même cette dynamique de responsabilisation sous-tend toutes les réflexions en matière de sécurité routière ou d'écologie avec notamment la mise en place du tri sélectif des déchets. Ces exemples parmi d'autres permettent de mettre en évidence l'actualité et la généralité de ce phénomène.
Dans ces circonstances d'amplification du recours à la responsabilisation, une étape supplémentaire peut conduire à envisager son application au milieu carcéral. En effet au-delà de l'image de la prison comme un lieu clos et figé, il est avéré que cette institution n'est pas déconnectée de la société. C'est ce qu'exprime nettement le principe de concordance qui amène alors à s'interroger légitimement sur la responsabilisation du détenu dans la vie carcérale.

2. La responsabilisation apparaît comme une notion récente qui, malgré son développement actuel, est restée étrangère à toute tentative de définition de la part tant des dictionnaires usuels classiques que des dictionnaires spécialisés. Pour autant une étude sur la responsabilisation ne peut se dispenser d'une telle définition. C'est pourquoi le sens du mot « responsabilisation » doit être déterminé à l'issue d'une recherche analytique.

Si le nom commun de « responsabilisation » est inconnu des dictionnaires, ceux-ci donnent en revanche une définition du verbe dont il est issu, à savoir « responsabiliser ». En effet il s'agit de « l'action de rendre responsable »[1]. Mais cet adjectif « responsable » tout comme le nom commun « responsabilité » peuvent revêtir deux sens distincts selon l'auxiliaire qui les précède et leur déclinaison au singulier ou au pluriel.

Ainsi ETRE responsable, c'est assumer LA responsabilité, c'est à dire assumer les conséquences de ses actes. En revanche AVOIR DES responsabilités repose sur une capacité de décision, une faculté d'auto détermination[2].

Dès lors responsabiliser un individu consiste soit à lui faire reconnaître sa responsabilité, soit à lui confier des responsabilités. Dans ces conditions, la responsabilisation englobe l'ensemble des mécanismes qui permettent d'aboutir à ce résultat. Cette dualité de sens doit être retenue comme capitale car selon le contenu envisagé, la responsabilisation ne revêt pas les mêmes contours et ne connaît pas les mêmes évolutions.

3. La responsabilisation, ainsi définie, s'applique, dans le cadre de cette étude, à une personne spécifique qu'est le détenu. Celui-ci s'entend communément comme la personne qui exécute une peine privative de liberté sous écrou[3]. Peu importe qu'il s'agisse d'un prévenu ou d'un condamné et il n'est point besoin de distinguer selon qu'il purge sa peine en maison d'arrêt ou en établissement pour peine.

En revanche une telle délimitation du sujet conduit à exclure les peines restrictives de droits et de libertés bien que la

[1] Cf. le dictionnaire *Le petit Larousse illustré*, 2001, p. 885.

[2] *Ibid.*

[3] Cf. G. CORNU, *Vocabulaire juridique*, édition PUF, 2000, p. 286.

responsabilisation y trouve également un champ d'application certain, notamment au regard du rôle de plus en plus important réservé à la volonté du condamné. Il faut également écarter le cas où le détenu exécute une peine privative de liberté sans être sous écrou, à savoir la libération conditionnelle.

4. Enfin la responsabilisation du détenu est envisagée dans une circonstance particulière : celle de sa vie carcérale. Il ne s'agit donc pas d'examiner tous les mécanismes responsabilisant le détenu, mais de sélectionner ceux qui ont un impact direct sur sa vie quotidienne intra muros, sur son comportement en détention (même si la responsabilisation a pour objectif final d'anticiper la vie extra muros).
C'est pourquoi seront évincés de cette étude les cas dans lesquels bien que le détenu soit sous écrou, il se trouve hors de l'établissement pénitentiaire, dans le cadre d'un aménagement de peine (permission de sortie, placement à l'extérieur, semi-liberté, bracelet électronique).

5. Finalement la responsabilisation du détenu dans la vie carcérale s'entend de l'ensemble des mécanismes qui permettent de rendre le détenu responsable dans sa vie au sein de l'établissement pénitentiaire. Cette responsabilisation carcérale doit être soigneusement distinguée d'une notion proche, celle de responsabilisation pénale, au regard d'un critère spatio-temporel. En effet la responsabilisation pénale relève à la fois du magistrat qui a statué ou va statuer sur la culpabilité de l'individu pour lui faire assumer les conséquences de ses actes, et du détenu dont la détention peut représenter l'occasion de commencer un travail personnel de prise de conscience des actes commis antérieurement à son entrée en détention (c'est même l'idéal au regard de l'impératif d'utilité de la peine). En revanche dans le cadre de la responsabilisation dans la vie carcérale, il s'agit pour le détenu de devenir acteur de sa peine en assumant les actes et

les gestes quotidiens commis uniquement dans l'établissement.

6. Au regard de ses intérêts, la responsabilisation du détenu dans la vie carcérale emporte des enjeux majeurs. Certes, comme cela a été évoqué, elle s'inscrit dans un mouvement global de la société cherchant à davantage responsabiliser ses membres. Dès lors l'étude de la responsabilisation du détenu représente une opportunité de toujours mieux comprendre les interactions entre le milieu carcéral et la société extérieure.

Mais surtout la responsabilisation du détenu apporte un éclairage nouveau au débat relatif aux missions de l'administration pénitentiaire. En effet traditionnellement cette administration est présentée comme devant assumer concomitamment une mission de sécurité publique pour protéger la société et une mission de réinsertion dans l'intérêt du détenu. Dans cette première approche, la responsabilisation illustre parfaitement l'opposition de ces deux missions puisque d'un côté, la réinsertion exige de responsabiliser le détenu pour le préparer à sa sortie tandis que de l'autre, cette même responsabilisation se trouve entravée par la nécessité de protéger la sécurité publique qui commande de limiter l'autonomie du détenu et d'assurer une emprise rassurante sur lui.

Mais dans un deuxième temps, il a pu être constaté que ces deux missions de l'administration pénitentiaire n'étaient pas aussi antinomiques que cela puisque la réinsertion constituerait un des moyens d'assurer la sécurité publique. En effet la réinsertion représente la meilleure façon d'éviter la récidive. L'ancien détenu réinséré éprouvera moins de tentation de réitérer son acte et la société s'en trouvera ainsi préservée. La réinsertion et la sécurité se trouvent alors dans un rapport de complémentarité. Et la responsabilisation confirme cette analyse puisqu'elle a pour but de préparer le détenu à affronter la vie à sa sortie en évitant de le laisser dans une

situation de désarroi propice à adopter un comportement facile de renouvellement de l'infraction. Ainsi, impulsée au nom de la réinsertion, la responsabilisation contribue indirectement à maintenir la sécurité publique en luttant contre une des causes potentielles de la récidive.
Finalement, et de manière classique, la responsabilisation figure à la croisée des missions de l'administration pénitentiaire, explicitant leur imbrication profonde. Toutefois aborder ce thème de la responsabilisation du détenu dans la vie carcérale revêt un intérêt supplémentaire. Il représente l'occasion d'enrichir le débat en conférant une nouvelle dimension à la réinsertion.
En effet dans ce monde pénitentiaire marqué par des préoccupations sécuritaires, la volonté d'y introduire la réinsertion a nécessité une valorisation de cette notion. Mais cette valorisation aussi précieuse soit-elle, ne doit pas conduire à en faire un concept sacralisé, indépendant d'une réflexion profonde sur sa définition exacte. Or à l'heure actuelle, la réinsertion apparaît comme « *un concept flou et mou et ce d'autant plus qu'il est valorisé positivement* »[4]. La réinsertion fait parti de ces notions écrans fréquemment invoquées pour justifier nombre de mesures mais auquel il est délicat d'attribuer une définition unanime[5]. Un tel constat a conduit en pratique à un oubli des dangers que peut susciter une réinsertion poussée à l'extrême. En effet et de manière paradoxale, la réinsertion promue dans l'intérêt du détenu peut engendrer,

---

[4] Cette expression a été recueillie lors d'un entretien avec Monsieur P. POTTIER, directeur du SPIP de Charente. Face au concept polymorphe de réinsertion, il préfère celui de « socialisation » en ce que le détenu doit retrouver sa place parmi les autres hommes.

[5] Pour une contribution à la définition de la réinsertion, cf. P. MBANZOULOU, *La réinsertion sociale des détenus*, édition L'Harmattan, 2000. Cet auteur adopte une approche dynamique de la réinsertion en trois phases : une phase criminologique, une phase pénitentiaire, une phase affective et sociale.

lorsqu'elle est mal agencée, des effets néfastes à l'égard de ce même détenu.

C'est justement l'étude de la responsabilisation qui permet de démontrer les inconvénients d'une croyance aveugle en la réinsertion. Ainsi pendant longtemps, dans la confusion qui la caractérise, la réinsertion a été perçue comme prônant nécessairement l'octroi de plus de droits aux détenus. Mais ces droits peuvent dans certains cas favoriser un assistanat contraire à toute responsabilisation du détenu et donc en opposition avec la préparation de la sortie.

En réalité cette réduction de la réinsertion à la seule dimension d'octroi de droits constitue une méprise au regard du contenu même de la notion. Dans la recherche de la définition précise de la réinsertion, B. CASSAIGNE a pu écrire que *« si la prison doit parler de réinsertion, ce ne peut être sous le mode d'un accompagnement (...) mais bien comme la recherche fondamentale d'un itinéraire possible : reconstruire (...), permettre une réconciliation avec soi et avec la société, soutenir quelque peu une responsabilité vis à vis de soi et des autres »* [6]. De là, une certitude réside en ce que la réinsertion ne comprend pas seulement les droits des détenus mais suppose que ceux-ci soient pondérés par des obligations. Il ne faut pas occulter l'apport essentiel que représente leur apprentissage en terme de réinsertion. En effet la complexité de l'intérêt du détenu exige de le déterminer de façon globale et pragmatique. Il ne réside pas uniquement dans la recherche d'un bienfait immédiat par l'octroi de plus de droits, il suppose aussi de lui inculquer la valeur de ses devoirs. La responsabilisation est alors typique de cette dualité intrinsèque de la réinsertion puisqu'elle englobe à la fois l'obligation d'assumer les conséquences de ses actes et l'octroi de droits au détenu[7].

---

[6] Cf. B. CASSAIGNE, Revue trimestrielle Projet, dossier *Prisons, les verrous et le droit*, printemps 2002, n° 269, p. 118.

[7] Cf. le double sens dégagé de la responsabilisation, *supra* p. 13 et p. 14.

7. A ce stade, la responsabilisation révèle toute son ambivalence tant au niveau de sa définition qu'à l'égard des interrogations qu'elle génère relativement aux missions de l'administration pénitentiaire. Cette incertitude entourant la notion de responsabilisation est confortée à travers la place laissée à la responsabilisation au sein du milieu carcéral dans l'histoire. La fluctuation de cette place est étroitement liée à l'évolution des fonctions de la peine marquée par deux tendances antinomiques, celle de la peine-rétribution et celle de la peine-réhabilitation.

8. Dans l'Antiquité, le souci des autorités réside essentiellement dans l'exemplarité de la peine (l'intimidation morale). Puis pendant le haut Moyen Age, la prison est rattachée à la pensée chrétienne et à la notion de pénitence. Au regard d'une morale religieuse, les autorités cherchent à sauver l'âme des criminels. Les détenus sont maintenus en prison pour le rachat de leur faute dans un but d'amendement.
C'est au XVIIIème siècle que la prison devient une peine au sens moderne du terme. En effet avec la Déclaration des Droits de l'Homme et du Citoyen du 26 août 1789, à partir du moment où la liberté devient le bien civique le plus précieux, sa privation apparaît comme un mal que la société peut infliger lorsqu'un individu rompt le contrat social. Cette peine est apparue comme un progrès immense dans l'histoire en ce qu'elle s'est substituée aux châtiments corporels. Pour autant les fonctions assignées à la peine restent centrées sur la garde et l'exemplarité. Ainsi C. BECCARIA[8] assigne à la peine une fonction d'utilité sociale dans son ouvrage *Des délits et des peines* publié en 1764 : « *le châtiment a pour but d'empêcher le coupable de nuire désormais à la société et de détourner ses concitoyens de la voie du crime* ».

---

[8] Cf. C. BECCARIA, *Traité des délits et des peines*, édition Flammarion, 1991.

Ce n'est que beaucoup plus tard qu'à cette utilité sociale va être adjointe une utilité morale. En effet au sortir de la Seconde Guerre Mondiale, le sort des détenus a trouvé un écho au travers des témoignages sur les conditions de détention des résistants. Après des années d'oppression, la liberté individuelle apparaît plus chère que jamais. Le souci de la dignité humaine et du respect de la personne, si effroyablement méconnus par les régimes totalitaires, passe au premier plan. Dès 1945, la réforme AMOR prône la nécessité pour la peine de participer à la réinsertion du délinquant. Cette réforme s'inscrit dans une nouvelle réflexion qui donnera lieu à l'élaboration de la théorie de la *Défense sociale nouvelle*[9] par Marc ANCEL en 1954 (sous l'influence de GRAMATICA). L'école nouvelle se propose toujours comme but d'assurer la défense de la société et de faire reculer la criminalité, mais elle estime que la meilleure protection de la société, la plus efficace et en même temps la plus humaine, consiste à réaliser la réadaptation du délinquant, par tous les moyens susceptibles d'agir sur sa personnalité en respectant sa dignité et en lui faisant recouvrer le sens de sa responsabilité sociale. Ainsi la notion de responsabilisation a fait son apparition, directement en lien avec celle de réinsertion. Ce rapport entre les deux concepts peut être explicité de la sorte : la réinsertion postule une préparation du détenu à la sortie, et la responsabilisation contribue à cet objectif en favorisant le développement du potentiel individuel.
Le mouvement d'humanisation et de libéralisation s'est poursuivi avec les réformes BADINTER du début des années 1980 (suppression du dispositif de séparation dans les parloirs, abandon du costume pénal, introduction de la télévision) jusqu'à la loi du 22 juin 1987 et la décision du conseil constitutionnel du 20 janvier 1994. Ces textes ont marqué une étape décisive en définissant les missions de l'AP et en

---

[9] Cf. M. ANCEL, *La défense sociale*, Paris, Presses universitaires de France, 1985.

consacrant la mission de réinsertion à côté de celle de préservation de la sécurité publique.
S'inscrivant directement dans cette mouvance, la responsabilisation du détenu a connu une consécration directe dans des textes européens. En effet l'article 6 des Règles Pénitentiaires Européennes de 1987 dispose que les buts du traitement des individus condamnés à une peine ou mesure privative de liberté doivent être de préserver leur santé, de sauvegarder leur dignité, mais aussi et c'est sur cette partie qu'il faut insister, « *dans la mesure où la durée de la peine le permet, développer leur sens des responsabilités et les doter de compétences qui les aideront à se réintégrer dans la société, à vivre dans la légalité et à subvenir à leurs propres besoins après la sortie* ». En outre l'article 68 des RPE prévoit que « *les détenus doivent pouvoir participer à des activités susceptibles de développer leur sens des responsabilités, d'auto dépendance et de les amener à s'intéresser activement à leur propre traitement* ». Il engage aussi à mettre au point des méthodes « *propres à favoriser la coopération et la participation des détenus à leur propre traitement* ».
En conclusion, une citation de G. DU MESNIL DU BUISSON semble appropriée pour résumer l'évolution de la responsabilisation du détenu parmi les fonctions de la peine : « *depuis plus d'un siècle, le but de la sanction n'est plus uniquement une obligation de subir un châtiment (…). En effet, par-delà cette obligation de subir, émerge une nouvelle fonction de la sanction pénale par laquelle le condamné, d'acteur passif (de figurant ?), est conduit à devenir le sujet de la peine, de même qu'il s'est révélé l'auteur de l'infraction. Cette fonction de la peine restitue à celui qui a été le protagoniste de l'acte délinquant un rôle majeur* »[10].

[10] Cf. G. du MESNIL du BUISSON, *Réflexion sur les rôles du juge et du médecin dans l'intelligibilité de la peine et son évolution*, RSC 1995, p. 839 et 840.

9. Actuellement, dans le sillon de la réinsertion, la légitimité de la responsabilisation est admise. Un des objectifs de la peine, dans un souci croissant d'utilité, doit être de responsabiliser le détenu. Cependant la concrétisation de cette ambition dans le milieu carcéral soulève une contradiction profonde. Les mécanismes de responsabilisation se trouvent en opposition totale avec le fonctionnement de toute détention et à contre courant des tendances sécuritaires actuelles.

En effet la responsabilisation exige de laisser une part d'autonomie et de liberté à la personne incarcérée. En revanche la prison consiste en une privation de liberté, et la détention se caractérise par une « emprise matérielle »[11] d'une personne sur une autre.

Dès lors, ressort toute une problématique liée à la responsabilisation du détenu dans la vie carcérale. La responsabilisation est-elle compatible avec une forme d'enfermement ? Si oui, quelle place peut être réservée à la responsabilisation du détenu dans le monde carcéral ? Comment et jusqu'où la réaliser sans mettre en péril l'existence même des prisons et en respectant le détenu ? Quelle harmonie trouver entre d'une part, la responsabilisation du détenu et la nécessité de préserver la sécurité publique et d'autre part, entre la responsabilisation et la réinsertion ?

10. Autant de questions nécessitaient une expérience pratique dans le monde carcéral. C'est par le biais de divers stages en établissement pénitentiaire, que ce soit la maison d'arrêt de Bordeaux-Gradignan, le centre de détention de Mauzac réputé pour sa conception extrême de la responsabilisation, ou celui de Neuvic (établissement issu du programme 13000), que j'ai pu l'acquérir. De plus mon intervention hebdomadaire auprès des détenus en tant que

[11] Cf. *Lexique des termes juridiques*, édition Dalloz, 12ème édition, p. 192.

membre du GENEPI m'a permise de rencontrer des personnes incarcérées dans un contexte différent. Enfin un séjour d'une semaine à la Direction Régionale de Bordeaux a représenté l'occasion de compléter cette formation en prenant du recul sur le fonctionnement au quotidien des établissements.
Ces différents stages ont révélé les difficultés concrètes de l'introduction de la notion de responsabilisation au sein du milieu carcéral, par définition contraignant, et ce malgré ses intérêts en terme de réinsertion.

11. Dans la conception traditionnelle de la détention, la responsabilisation du détenu ne bénéficie d'aucune place. La prison est appréhendée comme un lieu de prise en charge absolue. C'est d'ailleurs cette caractéristique qui a conduit à en faire l'exemple type de la théorie de l'institution totale de E. GOFFMAN.
En effet les éléments distinctifs de l'univers carcéral coïncident avec la définition de l'institution totale d'E. GOFFMAN, dans son ouvrage *Asile*[12]. Selon celui-ci, *« l'institution totale est un lieu de résidence et de travail où un grand nombre d'individus placés dans la même situation, coupés du monde extérieur pour une période relativement longue, mènent une vie recluse dont les modalités sont explicitement et minutieusement réglées »*. Or la prison correspond à cet espace de normes qui soumet à un pouvoir unique l'ensemble de la vie des détenus, limitant toute initiative et prise de décision.
Les travaux d'E. GOFFMAN démontrent plus en avant que la prison est un lieu où l'individu subit une modification de sa personnalité. Elle engendre un processus de mortification ayant pour objectif de structurer chez le détenu un « MOI » spécifique, nécessaire au fonctionnement correct de l'institution totale. Cette transformation débute dès

[12] Cf. E. GOFFMAN, *Asiles*, Editions de Minuit, collection Le sens commun, 1968.

l'admission du nouvel arrivant : l'inventaire des effets personnels, les fouilles, la prise d'empreintes digitales représentent un cérémonial visant à faire du détenu un numéro d'écrou. Elle se poursuit en ce que l'institution totale *« suspend ou dénature ces actes même dont la fonction dans la vie normale est de permettre à l'agent d'affirmer, à ses propres yeux et à la face des autres, qu'il détient une certaine maîtrise sur son milieu, qu'il est une personne adulte douée d'indépendance, d'autonomie et de liberté d'action »*[13]. Ainsi, en se déconsidérant, le détenu accepte son état de dominé au sein de l'institution.
Face à cette transformation et pour s'adapter au milieu, le détenu peut développer différentes conduites. E. GOFFMAN distingue trois attitudes possibles: le repli sur soi (refus de toute participation personnelle), l'intransigeance (refus de collaborer avec le personnel et défi de l'institution), la conversion (le détenu se soumet aux différentes contraintes), et l'installation (il construit une vie en détention). Ces comportements marquent l'individu et aboutissent à la déresponsabilisation.

12. Les détenus eux-mêmes perçoivent et dénoncent la détention comme un lieu de non-vie. A leur égard, la notion d'emprise est utilisée pour qualifier le rapport à l'institution carcérale et renvoie à trois éléments : la dépossession, l'empiètement du domaine privé et la réduction de l'intimité[14].
Concrètement lorsqu'un homme entre en prison, il devient un assisté et désapprend la vie en société. Le milieu carcéral, de par son fonctionnement, « infantilise » le détenu et favorise le retour à des comportements plus ou moins primitifs, non seulement sur le plan physique mais aussi intellectuel. Le déroulement type des journées qui se succèdent dans un

---

[13] *Ibid.* p. 87.

[14] Cf. C. VEIL et D. LHUILIER, *La prison en changement*, édition Erès, août 2000, p. 17.

rythme précis, inchangé et décidé par l'administration, l'encadrement de toutes les activités, y compris les plus intimes (nourriture, toilette…) placent le détenu dans une situation de dépendance totale, d'attente et de passivité, qui ne sont pas sans rappeler celle du tout jeune enfant. On lui apporte à manger, on l'emmène aux douches, on ferme la porte après l'avoir reconduit… Tous les besoins et les désirs du détenu passent par l'autre (surveillant, direction, conseiller d'insertion et de probation…). Cette situation fait « régresser » le détenu.

Selon les propres mots des personnes incarcérées décrivant les conditions de détention, elles vivent « *au rythme imposé du temps des autres* »[15]. Un détenu écrit : « *j'ai passé un mois à me sentir lentement, insidieusement dépossédé de tout acte de volonté. Ici être acteur de sa vie ne veut plus rien dire, nous sommes complètement dépendants, infantilisés* »[16].

Dans ce modèle, la notion de responsabilisation est inconciliable avec la prison sous peine de remettre en cause l'existence même de ces établissements pénitentiaires, ce qui n'est pas l'objectif de cette étude. Mais si la prison ne peut pas responsabiliser[17], elle ne doit pas pour autant déresponsabiliser la personne incarcérée. Cette déresponsabilisation n'est certainement pas exclusive aux seuls établissements pénitentiaires[18], mais elle choque d'autant plus ici qu'elle se rapporte à des délinquants dont le problème principal réside justement dans un déficit de responsabilisation. Face à cette prison qui aggrave la déresponsabilisation, c'est dans la lutte

---

[15] Cf. *Paroles de détenus*, édition LIBRIO, p. 16.

[16] *Ibid.* p. 101.

[17] Il faut tout de même reconnaître que, même si c'est rare, pour certaines personnes qui se trouvaient déjà dans un processus d'irresponsabilité, la détention peut avoir un effet structurant en donnant un rythme de vie déterminé.

[18] On peut penser aux hôpitaux ou aux clubs de vacances qui prennent totalement en charge leur public respectif.

contre les effets déresponsabilisant de la détention que la responsabilisation peut trouver un champ d'application dans le milieu carcéral. Elle contribuerait à faire de la prison un lieu de vie et non de simple existence ou de non-vie.

13. Si la prison constitue nécessairement un lieu de prise en charge impliquant une emprise, l'intensité de cette dernière n'est pas immuable. Elle peut et doit varier laissant ainsi place à une éventuelle responsabilisation du détenu lorsqu'elle se relâche. En effet l'ascendant de l'administration pénitentiaire sur la personne incarcérée ne s'avère pas intrinsèquement légitime. Sa pertinence est tributaire en grande partie d'un rapport de proportionnalité avec le comportement du détenu[19].
Au regard de cette nuance, la responsabilisation bénéficie bien d'un champ d'application au sein de la détention. D'ailleurs nombre de mécanismes ont été mis en place pour favoriser cette responsabilisation dans le milieu carcéral, et cela dans les deux sens explicités de la responsabilisation. L'ensemble de ces mesures conduit à transformer les détenus, d'objets passifs soumis à l'administration pénitentiaire, en sujets actifs dans l'exécution de leur peine. Cet intérêt nouveau manifesté à l'égard de l'idée de responsabilisation n'est autre que le reflet des évolutions de la société.

14. Cependant cette place accordée à la responsabilisation du détenu ne suffit pas à en faire un phénomène représentatif du milieu carcéral. La responsabilisation reste largement subsidiaire par rapport à ce qui a pu être décrit à l'extérieur[20].

---

[19] Les principes de nécessité et de proportionnalité de la peine étaient déjà posés à l'article 8 de la DDHC.

[20] Cf. *supra* p. 13 sur les exemples de responsabilisation en matière de santé, d'écologie et de sécurité routière.

Les regrets tiennent au constat que la création des mécanismes de responsabilisation du détenu n'a pas été suivie d'un engouement de la pratique. Si ces mécanismes existent de manière formelle, leurs effets concrets restent largement illusoires soit parce qu'ils ne trouvent pas réellement à s'appliquer, soit parce qu'ils le sont a minima. Cette non-effectivité s'explique par les obstacles qui se dressent contre la responsabilisation du détenu, mais aussi par le manque de consistance et de cohérence de ce mouvement. La responsabilisation du détenu dans la vie carcérale demeure donc un phénomène marginalisé qui n'a pas gagné l'ampleur qui aurait pu être la sienne.

15. En définitive, la responsabilisation du détenu dans la vie carcérale se présente comme un phénomène subtil de par la nécessité de la concilier avec le fonctionnement de la détention, les missions de l'administration pénitentiaire et les caractéristiques des détenus. Cette complexité s'exprime parfaitement à travers le double mouvement qui affecte la responsabilisation du détenu : la volonté affichée de promouvoir l'idée de responsabilisation du détenu dans la vie carcérale se heurte à une pratique qui la maintient dans un rôle secondaire.

16. Si un nouvel intérêt a été accordé à la responsabilisation du détenu dans la vie carcérale (première partie), celui-ci ne doit pas masquer la réalité de la marginalisation persistante de cette responsabilisation (deuxième partie).

1ère PARTIE

Un nouvel intérêt accordé à la responsabilisation du détenu

17. Longtemps négligée face à d'autres préoccupations de la politique pénitentiaire, la responsabilisation du détenu dans la vie carcérale connaît aujourd'hui un regain d'intérêt, semblable à l'évolution de la société globale. Tant le débat sur la réinsertion que celui sur l'utilité de la peine légitiment la place de la responsabilisation et l'érigent au rang des concepts clés qui fondent les mesures récemment mises en oeuvre.

Ce nouvel intérêt porté à la responsabilisation du détenu irradie l'ensemble du concept, dans sa dualité. En effet la responsabilité en détention obligeant le détenu à assumer ses actes a été réformée, participant ainsi de manière plus effective à l'objectif responsabilisation tandis que cette même responsabilisation a été enrichie d'un nouveau sens d'octroi des responsabilités permettant au détenu de s'assumer lui-même.

Ainsi l'engagement traditionnel de la responsabilité en détention (chapitre 1) et l'octroi moderne de responsabilités au détenu (chapitre 2) représentent autant de symptômes du nouvel intérêt accordé à la responsabilisation du détenu dans la vie carcérale.

Chapitre 1.

La responsabilisation traditionnelle du détenu par l'engagement de la responsabilité en détention

18. Au singulier, la responsabilité renvoie au fait d'assumer les conséquences de ses actes. Un des moyens de la responsabilisation passe par l'engagement de cette responsabilité.

Appliquée à la vie carcérale, la responsabilisation exige que le détenu assume les conséquences de son comportement en détention. L'exécution d'une peine ne constitue pas en soi un obstacle à une nouvelle déclaration de responsabilité en raison d'actes commis en détention. En effet ces actes gardent un sens, et tout débordement doit être sanctionné comme il le serait à l'extérieur. Cette responsabilité en prison participe naturellement à la responsabilisation en ce qu'elle apprend au détenu à vivre en respectant des normes supérieures même si ces dernières diffèrent légèrement de celle de la société libre. Elle apparaît d'autant plus importante que la détention établit par elle-même que le détenu a déjà enfreint le contrat social.

Ce lien entre responsabilité en détention et responsabilisation s'avère si étroit que la réforme de la responsabilité en détention a représenté un moyen, entre autres, de toujours mieux atteindre cet objectif de responsabilisation du détenu.

En définitive si la responsabilité en détention a toujours participé de manière classique à la responsabilisation (section 1), cette participation a été nettement accrue par la réforme de la responsabilité en détention (section 2).

Section 1. De la participation classique de la responsabilité

19. L'existence de prisons a toujours été assortie d'une responsabilité en détention. Les détenus ont constamment eu à répondre de leurs actes commis dans l'établissement pénitentiaire. Bien que l'objectif premier réside dans le maintien de l'ordre, cette responsabilité en détention participe à l'objectif de responsabilisation du détenu en lui inculquant le respect des normes.
Cette contribution se dédouble selon le moment auquel elle intervient, les deux aspects étant aussi importants l'un que l'autre. Avant tout comportement répréhensible, la responsabilité en détention joue, de par sa seule existence, déjà un rôle préventif en terme de responsabilisation (§ 1) tandis qu'après un tel comportement, c'est par une modalité répressive que la responsabilité en détention responsabilise l'individu (§ 2).

§ 1. L'aspect préventif de la responsabilité

20. Sans attendre qu'un détenu commette un acte fautif, la responsabilité en détention prend part à la responsabilisation. Par anticipation, la simple existence et la connaissance de cette responsabilité doivent permettre au détenu d'adopter consciemment un comportement et d'en assumer les conséquences.
La responsabilité en détention participe à la responsabilisation à la fois dans son aspect pécuniaire (A) et disciplinaire (B), sachant que les deux peuvent se cumuler et ne sont pas exclusifs d'une responsabilité pénale.

A. Le détenu face à l'éventuelle responsabilité pécuniaire

21. Dès leur arrivée dans un établissement pénitentiaire, les détenus sont avertis qu'ils encourent une responsabilité pécuniaire en cas de dégradation des objets dont ils ont la charge. Cet avertissement prend la forme de la signature de l'engagement de prêt, d'affichages en détention mais surtout du règlement intérieur. Ce dernier document a pour « *objectif de rappeler aux détenus les obligations générales auxquelles ils sont soumis et les droits dont ils bénéficient et de porter à leur connaissance les règles de fonctionnement propres à chaque établissement* »[21].
Ce mécanisme de responsabilisation trouve une application concrète considérable.

22. Le mécanisme de responsabilisation apparaît relativement simple : les détenus sont responsables, sur leurs deniers personnels, du matériel qui leur a été confié. C'est à eux, dans une logique de responsabilisation, de prendre toutes les précautions pour empêcher que ces objets ne soient endommagés. Cette responsabilité est d'autant plus lourde qu'il s'agit non seulement de s'abstenir de les abîmer soi-même mais aussi d'écarter tout risque de détérioration par autrui. Elle réapprend le respect des choses.
A la lumière de cette responsabilité éventuelle, la conservation des objets en état n'est pas un acte anodin mais dénote un choix du détenu dont il récoltera les conséquences en évitant la mise en jeu de la responsabilité pécuniaire. De plus au quotidien, sa façon de vivre en détention et ses rapports avec le personnel sont nécessairement influencés par cette

[21] Cf. le préambule du règlement intérieur de la maison d'arrêt de Bordeaux. S'y retrouve la dualité entre droits et obligations déjà envisagée dans la définition de la réinsertion, cf. *supra* p. 18.

attitude. Ce respect contient en soi le premier acte de responsabilisation.

23. Concrètement aucun détenu n'échappe à cette responsabilité pécuniaire en détention qui trouve à s'appliquer à l'égard de divers objets, que ceux-ci aient été fournis, empruntés ou loués.

D'abord, chaque détenu se voit remettre, à son arrivée, du matériel dont toute détérioration pourra engager sa responsabilité pécuniaire. Par exemple, au CD de Neuvic, un paquetage procuré au détenu comprend drap, house de matelas, linge de corps, serviette, torchon, couvertures qu'il devra restituer en état. De même la personne incarcérée sait qu'elle devra répondre des dégâts éventuellement occasionnés aux locaux et aux équipements (matelas, lavabo…).
De manière plus spécifique, les travailleurs sont responsables de leur outillage. Au CD de Mauzac, celui-ci est chiffré et chaque détenu se voit attribuer un numéro. En cas de disparition d'un sécateur ou d'un couteau, ce nombre désignera instantanément le détenu qui devra assumer cette perte. Chacun porte alors une attention particulière au matériel correspondant à son numéro pour éviter cette responsabilité. L'idée d'attribution du matériel à un détenu précis se retrouve dans l'atelier de métallerie du CD de Neuvic où les établis de travail sont affectés personnellement avec leurs outils à chaque détenu.

Ensuite, les détenus peuvent emprunter, à titre strictement personnel, des livres à la bibliothèque de l'établissement. Ils en sont alors responsables, ils savent qu'ils peuvent faire l'objet d'une saisie sur le pécule en cas de détérioration, ce qui les incite à en prendre soin. A ce sujet, le règlement intérieur de la MA de Bordeaux est clair : « *maintenir la bibliothèque dans un état convenable relève de la responsabilité des détenus* ».

Enfin les personnes incarcérées ont également la possibilité de louer du matériel, tel un réfrigérateur ou une télévision dont ils sont alors responsables pécuniairement. S'agissant de la télévision, le règlement intérieur de la MA de Bordeaux prévoit expressément que « *le détenu doit vérifier l'état de la télévision et de la télécommande, puis il doit signaler toute détérioration. Par la suite, en cas de dégradation volontaire, accidentelle ou de perte, le détenu sera contraint de rembourser la valeur du matériel selon des tarifs en vigueur* ». Seul le détenu peut donc s'éviter les désagréments de cette disposition.

24. La connaissance de la responsabilité pécuniaire encourue contribue largement à responsabiliser le détenu lui donnant la possibilité d'en écarter la mise en jeu par un comportement approprié. Elle est complétée par l'éventualité d'une responsabilité disciplinaire, qui se veut encore plus dissuasive pour des actes jugés plus graves.

B. Le détenu face à l'éventuelle responsabilité disciplinaire

25. Indépendamment de l'aspect pécuniaire, le détenu encourt aussi une responsabilité disciplinaire. De par la connaissance des conséquences disciplinaires éventuelles attachées à son acte, le détenu peut préférer un comportement à un autre. Certains seront dissuadés de commettre des actes nuisibles, d'autres pas, mais l'important est qu'ils aient pu effectuer ce choix en toute conscience. Dans ces conditions, le fait de respecter une norme n'est pas un acte banal, il exprime déjà la décision du détenu. Cette contribution de la discipline à la responsabilisation du détenu n'a pas toujours été admise, elle a nécessité une double évolution.

26. D'une part, pendant longtemps la discipline a été conçue comme ayant uniquement pour but de renforcer le caractère afflictif de la peine, sans aucune vocation pédagogique. « *Le régime appliqué visait à neutraliser le prisonnier, en brisant sa personnalité, en faisant de lui un automate soumis et do-*

cile »[22]. La responsabilisation était alors faible : si le détenu assumait les conséquences matérielles immédiates, il n'en tirait aucune leçon pour l'avenir. Au final, il subissait plus la discipline qu'il ne la comprenait, en tout cas il n'y participait pas. D'ailleurs les résultats d'une telle discipline ne se sont pas avérés satisfaisants.
Depuis, sans pour autant perdre son caractère punitif nécessaire, la discipline est devenue un moyen de formation et de réadaptation du condamné. Le régime disciplinaire fait parti des éléments du traitement pénitentiaire. Il n'a plus seulement vocation à punir, mais aussi à éduquer. Le but consiste à ce que la discipline soit, autant que possible, acceptée, dans le respect de l'autorité et du détenu. De cette manière la discipline a acquis sa place parmi les facteurs de responsabilisation.

27. D'autre part, une fois acquis que la discipline contribue à la responsabilisation, l'effectivité de cette participation était subordonnée à l'existence d'un régime disciplinaire accessible dont les détenus pourraient avoir connaissance et auquel ils pourraient se conformer. Or pendant longtemps le régime disciplinaire est resté totalement opaque et arbitraire empêchant ainsi les détenus de se responsabiliser. Comment respecter des règles inconnues ou incertaines ? Le préalable nécessaire à toute responsabilisation consistait en une définition précise du régime disciplinaire encouru, d'où l'intérêt que va revêtir la réforme de 1996[23].

28. Cette première forme de responsabilisation par anticipation tient une place essentielle dans la vie du détenu. D'ailleurs un des indices de sa réussite réside dans la diminution flagrante du nombre de sanctions disciplinaires

---

[22] Cf. B. BOULOC, *Pénologie*, Précis Dalloz, 2005, p. 163.

[23] Cf. *infra* p. 41 et suivantes.

prononcées. Par exemple dans les établissements pénitentiaires de la DR de Bordeaux, ce chiffre a chuté de 4064 en 2003 à 2637 en 2004. Cela permet de penser que certains détenus ont su éviter de telles sanctions par leur comportement, ils se sont responsabilisés en amont[24].
Mais cette responsabilisation suppose déjà des individus capables de respecter une norme. Aussi elle ne suffit pas à l'égard d'un public qui purge une peine justement pour ne pas avoir su se plier aux règles de la société. Mais lorsque cette première forme de responsabilisation n'a pas réussi, le constat d'échec n'est pas pour autant absolu car une deuxième modalité répressive prend le relais : le détenu devra assumer ses actes par une sanction. Dans tous les cas, l'existence de cette répression est indispensable pour donner de la force à la modalité préventive de la responsabilisation car un règlement dont les violations ne seraient pas sanctionnées, n'aurait aucune portée.

§ 2. L'aspect répressif de la responsabilité

29. Après la commission d'un acte contraire aux règles de l'établissement, la responsabilité en détention continue de jouer un rôle en terme de responsabilisation, et ce à un double niveau. D'abord, dans la matérialité, le détenu responsabilisé s'analyse comme celui qui assume les conséquences directes de son acte. Ensuite à l'idéal, dans un aspect plus moral, c'est celui qui assume l'acte en lui-même.
Or si la responsabilisation du détenu par la modalité répressive de la responsabilité en détention a toujours été effective dans la dimension matérielle (A), elle est restée longtemps incomplète dans son deuxième volet en raison de l'arbitraire

---

[24] Même si cette baisse du nombre de sanctions disciplinaires prononcées s'explique aussi par la nouvelle possibilité d'exercer un recours contre les sanctions qui ne seraient pas totalement justifiées.

caractérisant la procédure disciplinaire incompatible avec toute prise de conscience (B).

A. Le détenu face aux conséquences de son acte

30. La mise à exécution de la responsabilité en détention permet dans un premier temps de responsabiliser le détenu en lui faisant assumer de manière très concrète les conséquences directes de son acte. Ces conséquences matérielles peuvent être pécuniaires en cas de dégâts ou disciplinaires par la sanction qui sera associée au comportement fautif.

31. La responsabilisation exige de celui qui a commis un acte ayant causé des détériorations, d'en prendre en charge les réparations. C'est pourquoi l'article D. 332 du CPP dispose que l'administration pénitentiaire a la faculté d'opérer d'office sur la part disponible des détenus des retenues en réparation de dommages matériels causés. Ce débit sur le compte des détenus prend une importance considérable à l'égard d'un public souvent démuni financièrement et contribue naturellement à leur faire prendre leur responsabilité par rapport à leur acte. Par exemple, à la MA de Bordeaux, suite à une altercation dans une cellule entre deux détenus ayant endommagé le lavabo, les protagonistes ont dû partager les frais de remplacement de ce matériel, assumant ainsi chacun leur part de responsabilité dans cet incident.

32. Qu'il y ait des dégâts ou pas, l'acte pourra donner lieu à une autre conséquence par le prononcé d'une sanction disciplinaire. En effet certains actes exigeront, au-delà de la réparation matérielle, une sanction en raison du trouble causé. La responsabilisation du détenu passera alors par l'exécution de cette sanction comme contrepartie de l'acte.
Par exemple le fait de dévisser l'ampoule de sa cellule ou de bloquer la fermeture d'une porte par un caillou constituent

autant d'actes qui, sans entraîner de dégradations, sont nuisibles en terme de sécurité et conduiront le détenu à devoir les assumer devant la commission de discipline.
De même en cas de comportement perturbateur pendant une activité socioculturelle ou le travail pénitentiaire, le détenu peut en subir directement les conséquences par une exclusion, un déclassement ou une mise à pied (art D. 251-1, 1°, 2°, 6° du CPP). Dans les établissements où participer à une activité ou exercer un travail représentent autant de privilèges en raison des listes d'attente, ces sanctions sont très redoutées et leur mise en œuvre développe le sens des responsabilités de chacun. Ainsi au CD de Neuvic, la disparition de nourriture à la cantine a conduit à la suspension de l'équipe dans son entier. Pour pouvoir retrouver leur place, les différents membres de cette équipe ont eu à prendre leurs responsabilités entre eux pour désigner le coupable.

33. La mise en jeu concrète de la responsabilité qui était encourue, que ce soit par une réparation matérielle ou une procédure disciplinaire, responsabilise le détenu qui est ainsi amené à assumer les conséquences directes de ses actes. Mais elle ne s'accompagne pas automatiquement d'une prise de conscience morale de la part du détenu, pourtant indispensable à une responsabilisation à long terme.

B. Le détenu face à son acte lui -même

34. Au-delà de l'exécution de la sanction, la responsabilité en détention ne devient efficace au regard de la responsabilisation que si le détenu en tire des leçons pour l'avenir. Accomplir la contrepartie de son acte s'avère nécessaire mais pas suffisant. Il faut assumer l'acte lui-même et en retirer un enseignement. Ce n'est que dans ces conditions que la responsabilité en détention contribue pleinement à la responsabilisation.

Or en pratique ce degré ultime de responsabilisation morale se révèle le plus délicat à atteindre, surtout pour le détenu. Il est même longtemps resté inaccessible à cause de l'arbitraire de la procédure. Si ce problème sera exclusivement évoqué sur le terrain disciplinaire (en raison d'une évolution significative), il caractérise aussi les autres cas de responsabilité en détention, notamment le retrait sur pécule qui a lieu d'office[25] ne laissant place à aucune volonté du détenu.

35. Devant la commission de discipline, si les détenus ne contestent pas la réalité des faits qui leurs sont reprochés, dans la plupart des cas, ils ont tendance soit à minimiser ce fait (« *c'est pas si grave que cela* »), soit à le justifier (« *je l'ai fait parce qu'untel me l'a demandé* » ou « *parce que le surveillant m'a provoqué* ») soit à mettre en avant l'absence de volonté de nuire (« *je l'ai dit mais je ne le pensais pas* » pour une insulte). Ainsi, par lui-même, le détenu n'assume pas son acte jusqu'au bout. Il accepte donc la sanction car il n'a pas le choix, mais en absence de réelle réflexion sur son acte, rien ne l'empêchera de recommencer si ce n'est la peur d'une nouvelle sanction. Or d'un point de vue psychologique, la simple peur n'apparaît pas satisfaisante (même si elle représente un premier pas par rapport à certains qui enchaînent les sanctions).
Pendant longtemps la procédure disciplinaire n'a pas permis de pallier cette carence, ni d'atteindre l'objectif de responsabilisation morale.

36. En effet jusque dans le milieu des années 1990, cette procédure disciplinaire était marquée par un caractère arbitraire empêchant toute adhésion du détenu. Celui-ci se voyait ainsi contraint de subir une sanction qui lui était imposée par une procédure où régnait une inégalité manifeste,

---

[25] Sur la gestion déresponsabilisante de l'argent en détention, cf. *infra* p. 95 et suivantes.

sans en tirer le moindre profit personnel. Le détenu n'avait que peu de droits.
En outre, aucun recours ne permettait de contester cette sanction pour obtenir une explication. Ces décisions étaient qualifiées de mesure d'ordre intérieur, ce qui rendait tout recours devant le juge administratif irrecevable. Ce système comportait plus de chance de conduire à un sentiment d'injustice et de révolte qu'à une responsabilisation. En absence de toute participation du détenu, sa compréhension de la sanction devenait totalement impossible.

37. Ce défaut dans le parcours psychologique du détenu devant le conduire à assumer ses actes dans leur globalité a été corrigé en partie par la réforme de la procédure disciplinaire en 1996. Même si l'adhésion totale et sincère à une sanction semble difficilement concevable, l'impact de cette réforme est considérable, elle a participé au renforcement de la responsabilisation du détenu dans la vie carcérale.

Section 2. De l'impact des nouvelles réformes de la responsabilité

38. Si les détenus ont toujours eu à répondre de leurs actes en détention, la manière d'en répondre a évolué. Centrée essentiellement sur le fait d'assumer les conséquences matérielles directes des actes, la responsabilité s'est enrichie d'un second aspect plus psychologique : assumer l'acte lui-même. Cette responsabilité renouvelée qui renforce la responsabilisation, est un des effets du décret du 2 avril 1996 et des réformes qui ont suivi.
Ces textes ont emporté un double impact en terme de responsabilisation, selon le moment d'intervention de la responsabilité en détention. Dune part, dans l'aspect préventif de la responsabilité, le décret a permis d'améliorer la connaissance des normes imposées au détenu (§ 1). D'autre

part, dans l'aspect répressif, la réforme de la procédure disciplinaire participe à la lutte contre la passivité de la personne mise en cause en restaurant son rôle (§ 2).

§ 1. Une meilleure connaissance du régime disciplinaire encouru

39. Dans sa contribution préventive à la responsabilisation développée précédemment[26], la responsabilité en détention permet au détenu d'adopter le comportement qu'il sait être attendu de lui. Mais cette forme de responsabilisation suppose au préalable qu'il ait eu une connaissance effective de ces règles régissant la vie de l'établissement. Cette connaissance exige des textes qui soient à la fois accessibles, claires et prévisibles. Si la première qualité reste nuancée (A), les deux autres sont désormais nettement assurées par le principe de légalité (B).

A. L'accessibilité du régime disciplinaire encore nuancée

40. L'effectivité de la connaissance du régime disciplinaire encouru, préalable nécessaire à toute responsabilisation, est subordonnée à l'exigence d'accessibilité de la norme. Le détenu doit pouvoir prendre rapidement et facilement connaissance des textes pour s'y adapter. Il serait totalement injuste de lui reprocher de ne pas avoir respecter une règle qu'il n'aurait pas été en mesure de consulter.

41. Au premier abord, cette accessibilité pour le détenu du régime disciplinaire encouru semble assurée par la distribution d'un extrait du règlement intérieur à chaque arri-

---

[26] Cf. *supra* p. 32 et suivantes.

vant et la possibilité de consulter le CPP au sein des bibliothèques. Chacun dispose ainsi de la faculté de s'informer sur les diverses règles régissant un établissement. Ensuite, les moyens lui en ayant été donnés, c'est au détenu seul, dans une logique de responsabilisation, que revient la décision d'en prendre ou non réellement connaissance et de s'y conformer.
Toutefois ces propos méritent d'être nuancés en ce que ces normes varient de manière assez conséquente entre chaque établissement, ce qui requiert du détenu un effort d'adaptation à chaque transfert souvent lourd pour lui. A ce niveau, seule une harmonisation des règlements intérieurs peut être plébiscitée pour pallier ce défaut qui entrave encore la responsabilisation du détenu.

42. Dans tous les cas, si cette accessibilité des normes doit encore être améliorée, elle ne servira vraiment la responsabilisation que si les règles sont elles-mêmes compréhensibles pour le détenu.

B. La prévisibilité du régime disciplinaire assurée

43. Les normes auxquelles le détenu a accès, doivent être claires et prévisibles de manière à permettre au détenu de s'y conformer. Détaillées et compréhensibles pour tous, elles doivent ne laisser aucune place à l'arbitraire.
Or il a été souligné que jusqu'en 1996 ces qualités n'étaient pas satisfaites. La réforme est justement intervenue pour définir avec précision le régime disciplinaire encouru et a ainsi facilité la responsabilisation du détenu. Dans cet objectif, elle a introduit dans la procédure disciplinaire un principe bien connu du droit pénal : le principe de légalité.

44. Le principe de légalité, déjà inscrit dans l'article 8 de la DDHC[27], signifie que les incriminations et les peines doivent être déterminées par la loi (au sens matériel). Si ce principe est présenté comme une garantie essentielle de la liberté individuelle et de la sécurité juridique, d'un point de vue criminologique, l'existence d'une loi pénale remplit aussi une fonction pédagogique de dissuasion, d'où son intérêt en terme de responsabilisation.
Appliqué au régime disciplinaire en détention, le principe de légalité revêt les mêmes vertus. C'est pourquoi le décret du 2 avril 1996 adopte une énumération précise des fautes et des sanctions disciplinaires. Ainsi les articles D. 249 et suivants du CPP dressent une liste des fautes selon trois degrés dans la gravité. Cette liste offre une garantie fondamentale au détenu qui est informé que l'on ne pourra pas lui reprocher un comportement qui n'est pas expressément visé dans cette liste et qui sait quoi faire pour éviter tout reproche.
De même les articles D. 251 et suivants du CPP donnent la liste des sanctions encourues. Les mesures ne figurant pas dans cette liste ne peuvent pas être prononcées comme sanction. Le détenu connaît par avance la sanction que son comportement lui fait encourir et peut adapter son attitude en fonction.

45. Le triptyque accessibilité/clarté/prévisibilité, condition de la responsabilisation, a ainsi été réuni. Informé des comportements prohibés et des sanctions encourues, on peut estimer que le détenu a consciemment choisi son comportement et qu'il est prêt à en assumer les conséquences.
S'il respecte la norme, la responsabilisation en amont a réussi. Dans le cas contraire un deuxième aspect de la responsabilisation prend la forme d'une mise en œuvre de la procédure disciplinaire. Dans ce cas, la responsabilisation a

---

[27] « Nul ne peut être puni qu'en vertu d'une loi établie et promulguée antérieurement au délit et légalement appliquée. »

également connu un renforcement par la place croissante accordée au détenu dans les diverses étapes de la procédure.

§ 2. L'accroissement du rôle dévolu au détenu dans la procédure disciplinaire

46. L'étude de la responsabilisation par la modalité répressive de la responsabilité en détention a déjà permis de mettre en avant son dédoublement en un aspect matériel (assumer les conséquences de ses actes) qui est effectif, et un aspect moral (assumer l'acte lui-même) plus douteux. Le renforcement de la responsabilisation exigeait donc de développer cette prise de conscience du détenu dans son rapport à l'acte commis en détention. Un tel objectif ne pouvait être atteint que par une extension de la place du détenu au sein de la procédure.
En effet accorder une part active au détenu revient à exiger de lui un travail d'explication et de réflexion sur son acte. Ce n'est qu'à ce prix que la notion de responsabilisation du détenu connaîtra une consécration pleine et entière.
La nouvelle conception du rôle dévolu au détenu contribuant à favoriser la responsabilisation, concerne toutes les phases de la procédure, aussi bien la comparution devant la commission de discipline (A) que la possibilité d'exercer des voies de recours (B).

A. Le nouveau rôle du détenu devant la Commission de discipline

47. La situation d'attente passive dans laquelle se trouvait le détenu face à la décision de la commission de discipline représentait un obstacle majeur à sa responsabilisation. La réforme du 2 avril 1996, en faisant progresser sa qualité de justiciable, a rénové le rôle du détenu au sein du procès disciplinaire et a ainsi tracé une nouvelle voie pour la responsabilisation.

48. La procédure disciplinaire accorde une place conséquente au détenu devant le conduire à mieux assumer son acte.

D'abord, les faits reprochés doivent lui être notifiés dans un délai minimum de trois heures avant la tenue de la commission de discipline pour lui permettre de préparer sa défense. Non pris au dépourvu, il pourra alors prendre le temps de la réflexion sur son acte[28]. A ce stade, il peut également décider de faire appel à un avocat sur le fondement de l'article 24 de la loi du 12 avril 2000. Sa correspondance avec lui se fera sous pli fermé et ses entretiens respecteront le principe de confidentialité au nom des droits de la défense. Cette faculté est devenue d'autant plus effective depuis que le bénéfice de l'aide juridictionnelle a été accordé aux personnes incarcérées[29]. Ce recours à l'avocat a pour ambition, entre autres, de valoriser la parole du détenu puis de l'aider à construire sa pensée relativement à son acte[30].

Ensuite, lors de sa comparution en audience, le détenu présente en personne ses explications orales et écrites. C'est le moment privilégié devant permettre au détenu de prendre toute l'ampleur de ce qu'il a fait.

Enfin, la commission de discipline rendra sa décision en présence du détenu. Cette décision lui sera notifiée sans délai. En pratique, le détenu signe le document immédiatement avant de sortir de la salle comme l'ultime reconnaissance de son acte et de ses conséquences.

En définitive, le détenu prend part à chaque phase de la procédure devant la commission de discipline. La préparation de sa défense, sa comparution aussi bien que l'écoute de la décision représentent autant d'occasions pour lui de dé-

---

[28] Sous réserve de l'efficacité d'un tel délai, cf. *infra* p. 93.

[29] Cette disposition a été introduite par le décret n°2002.366 du 18 mars 2002.

[30] Sur l'apport réel de la présence de l'avocat en pratique, cf. *infra* p 93.

clencher une prise de conscience par rapport à l'acte commis. Au surplus, il a pu être constaté au CD de Neuvic, que le directeur d'établissement prend le temps de mener ce travail de réflexion en collaboration avec le détenu en le questionnant sur son degré de conscience : « *est-ce que vous vous rendez compte des effets de cette insulte sur le surveillant ?* ». Il lui suggère aussi, sans pouvoir l'y contraindre, de s'excuser auprès du surveillant en question. Ces excuses sont un indice du succès complet de la responsabilisation.

49. La responsabilisation se trouve nettement confortée au regard de la place du détenu dans la procédure disciplinaire, celui-ci étant conduit à assumer son acte jusque devant la commission de discipline. Mais cette procédure tout comme la responsabilisation du détenu ne s'arrêtent pas au prononcé de la sanction puisque désormais un recours a été ouvert.

B. Le nouveau rôle du détenu dans l'exercice des voies de recours

50. Assumer son acte et ses conséquences ne signifie pas pour autant accepter et exécuter la sanction prononcée sans protester. Au contraire, la conscience que le détenu a développée sur son acte peut le conduire à manifester un désaccord s'il estime que la sanction n'est pas en adéquation avec son acte ou qu'elle a été prononcée en méconnaissance de la procédure légale. Ainsi la responsabilisation du détenu gagne à voir reconnaître un recours au détenu.
Or pendant longtemps un tel droit de recours contre les sanctions disciplinaires a été tout simplement nié au nom de la théorie des mesures d'ordre intérieur. C'est la jurisprudence, au travers de l'arrêt du Conseil d'Etat MARIE du 17 février 1995[31], qui a enfin admis ce droit de recours[32].

---

[31] Cf. RSC 1995, p. 381, RFDA 1995, p. 822 entre autres.

51. En pratique, le recours exige du détenu de respecter deux étapes : un recours administratif préalable devant le directeur régional doit être intenté par le détenu dans un délai d'un mois, avant de pouvoir saisir le juge administratif d'un recours contre la décision du directeur régional.

Dans les établissements de la DR de Bordeaux, il semble que les détenus exercent de plus un plus ces recours, manifestant ainsi leur conscience de leur responsabilité. En effet, le nombre de RAP est resté sensiblement le même passant de 75 en 2003 à 71 en 2004 et à 22 pour les 4 premiers mois de l'année 2005[33], alors que parallèlement le nombre de sanctions disciplinaires prononcées avait largement chuté[34]. Ces chiffres prouvent que les détenus hésitent de moins en moins à faire vérifier que, s'ils assument leurs actes sous certaines garanties, ils n'ont pas à assumer plus que ceux-ci.

Ces bienfaits des recours, loin de la peur de l'encombrement des tribunaux, légitiment le travail actuel de la jurisprudence qui, dans la détermination des contours du recours, tend à opter pour une conception extensive. Ainsi après l'admission des recours contre le placement en quartier disciplinaire, le recours contre la privation d'une activité socioculturelle vient d'être déclaré recevable (Tribunal Administratif DIJON, 28 décembre 2004[35]). Désormais le détenu est amené à développer sa réflexion et sa responsabilisation sur l'ensemble de ses actes et des sanctions qui le concernent.

---

[32] Pour les limites actuelles du droit de recours et le maintien de la théorie des mesures d'ordre intérieur, cf. *infra* p. 94.

[33] Pour les chiffres du recours contentieux, cf. *infra* p. 94.

[34] Cf. *supra* p. 37.

[35] Cf. AJP mai 2005, p. 205.

52. La responsabilisation du détenu par son implication dans la procédure disciplinaire lui fait assumer les conséquences de ses actes jusqu'au bout. Il ne peut plus commettre un acte puis laisser le procès se dérouler seul sans y participer. Une telle attitude dénoterait une passivité inconciliable avec toute logique de responsabilisation.
Ce rôle actif dévolu au détenu rejoint déjà le deuxième sens de la responsabilisation, à savoir donner des responsabilités à un individu. En effet la réforme de 1996 et ses suites accordent au détenu des responsabilités dans la façon de mener sa défense (ce qu'il dit ou tait, l'appel ou non à un avocat, l'exercice ou non d'une voie de recours). Ses choix peuvent plus ou moins influencer la décision finale. Toutefois les répercussions de cette réforme sur la façon dont le détenu perçoit et assume sa responsabilité justifiaient son rattachement au premier sens de la responsabilisation.
Ce lien entre les deux aspects de la responsabilisation est d'autant plus intense que, en sens inverse, dans le cas où des responsabilités seront confiées au détenu, lorsque ce dernier ne s'en montrera pas digne et transgressera les règles, il devra aussi en assumer les conséquences dans le sens premier de la responsabilisation. Il devra répondre de la manière dont il exerce les droits qui lui sont reconnus.
D'ailleurs dans un centre de détention, tel celui de Mauzac où l'idée de responsabilisation par l'octroi de responsabilités constitue un pilier du fonctionnement de l'établissement, le régime disciplinaire s'en trouve d'autant plus endurci que les détenus bénéficient d'une certaine liberté. Tout débordement prend une gravité supplémentaire sanctionnée sans indulgence. De même, au CD de Neuvic, les détenus qui, de par leur attitude, ne répondent pas momentanément aux critères requis pour évoluer dans une détention essentiellement basée sur un régime de confiance favorisant la responsabilisation de chacun, sont affectés au régime différencié, très strict.

Au regard de ce rapport étroit entre les deux sens de la responsabilisation, il paraît naturel que le nouvel intérêt marqué pour la responsabilisation du détenu dans la vie carcérale soit la résultante non seulement de l'engagement rationalisé de la responsabilité mais aussi du développement des cas d'octroi de responsabilités.

Chapitre 2.

La responsabilisation moderne du détenu par l'octroi de responsabilités

53. Au pluriel, les responsabilités renvoient à une capacité d'auto-détermination. Il ne s'agit plus d'assumer un acte mais de s'assumer soi-même. Le second moyen de responsabilisation consiste alors à octroyer des responsabilités au détenu. Longtemps en retrait par rapport à la responsabilité en détention, cet aspect plus moderne de la responsabilisation est aujourd'hui valorisé et c'est peut-être surtout à travers le renouveau de ce sens que la responsabilisation du détenu dans la vie carcérale connaît un regain d'intérêt.

Alors que la période d'incarcération prend la forme pour le détenu d'une tranche de vie au cours de laquelle l'administration pénitentiaire va prendre en charge la quasi-totalité des différents aspects de son existence, la responsabilisation encourage à considérer les détenus comme des personnes responsables et à leur confier chaque fois que possible des responsabilités. Cette exigence a conduit à reconnaître au détenu, à côté de l'obligation d'assumer ses actes, des droits dans la gestion de son quotidien en détention. En effet l'ensemble des droits du détenu, loin d'incarner uniquement un privilège, représente un outil de responsabilisation précieux. Selon R. MORGAN, *« les droits des détenus constituent un instrument susceptible de produire conjointement des prisons justes et des détenus responsables »*.

Le développement des cas d'octroi de responsabilités se manifeste par une implication renforcée du détenu. Dans ce cadre, impliquer le détenu c'est l'engager dans un processus de gestion de l'exécution de sa peine afin d'insuffler du sens au temps passé en détention. Ce mouvement concerne à la fois le présent (section 1) et le futur (section 2) du détenu.

Section 1. La responsabilisation du détenu par son implication renforcée dans le présent

54. L'emprisonnement produit tout un rapport nouveau de dépendance et d'attente aux personnes. Or cette passivité journalière s'inscrit totalement en porte à faux vis à vis de l'objectif de responsabilisation et à long terme de la réinsertion. Des moyens de lutter contre ce phénomène ont donc été recherchés et une des solutions réside dans l'octroi au détenu de responsabilités afin qu'il puisse se reprendre en main.
Ce renforcement de l'implication du détenu dans le présent nécessaire à la responsabilisation, a pu être opéré au travers du renouvellement d'une double relation du détenu envers lui-même (§ 1) et envers autrui (§ 2).

§ 1. L'implication du détenu envers lui même

55. Chaque jour, la personne incarcérée dépend d'autrui ayant perdu tout pouvoir sur elle-même. Selon les mots d'A. BOUBLIL, *« en prison on ne s'appartient plus »*[36]. Cette relation s'oppose à l'autonomie dont doit faire preuve un adulte. Dans ces conditions, responsabiliser le détenu revient d'abord à restaurer ce contrôle sur sa vie par une implication effective du détenu envers sa propre personne. Si le détenu s'est d'abord retrouvé au travers de ses vêtements personnels, son implication passe surtout par la restitution d'une certaine maîtrise de son espace (A) et de son emploi du temps (B).

---

[36] Cf. A. BOUBLIL, *La chambre 220*, Monaco, édition Le Rocher, 1997 p. 26.

A. La maîtrise de son espace par le détenu

56. Toute personne responsable d'elle-même maîtrise un minimum l'environnement dans lequel elle évolue, que ce soit en le choisissant, en l'aménageant ou en s'y déplaçant librement. En détention, la responsabilisation conduit à retranscrire d'une certaine façon ces trois aspects. Même s'ils restent largement encadrés[37], ces gestes constituent autant d'occasions pour le détenu de reprendre le dessus par rapport à une administration pénitentiaire oppressante.

57. D'abord bien que le détenu soit incarcéré sur décision de justice, la responsabilisation permet de rétablir à son profit une certaine faculté de choix sur les lieux de sa détention. Par l'exercice de divers droits, il peut plus ou moins influer sur cet espace.

En premier lieu, le détenu peut présenter une demande de changement d'affectation à tout moment (art D. 82 à D. 82-4 du CPP). Par exemple, en 2004, au CD de Mauzac, 26 détenus ont entrepris cette démarche. Présentée par écrit, la requête doit comporter l'exposé des motifs. Ainsi au CD de Neuvic, le surveillant orienteur de la DR est venu s'entretenir avec les détenus ayant formulé une demande d'affectation vers les établissements de BEDENAC ou de Mauzac pour vérifier leurs motivations.

En deuxième lieu, à la MA de Gradignan, la préparation d'un dossier d'orientation avant une décision de transfert conduit le chef d'établissement à rencontrer systématiquement en audience le détenu intéressé pour lui demander son souhait et le retranscrire, accordant ainsi une place à la préférence du détenu.

---

[37] Cf. *infra* les manifestations du maintien du caractère totalitaire de l'institution pénitentiaire qui sont autant de tempéraments à la maîtrise du détenu sur son espace, p. 108 et suivantes. Il faut notamment bien comprendre que pour toutes les demandes envisagées ici, la décision finale appartient à l'institution.

En troisième lieu, à l'intérieur même de l'établissement, les détenus peuvent demander à bénéficier de différents régimes. Par exemple, le détenu peut manifester son désir d'intégrer une UVF ou il peut solliciter un placement volontaire en régime différencié dans les établissements tel celui de Neuvic qui en disposent.

Ces diverses requêtes contribuent à rendre au détenu un pouvoir d'implication sur son espace, indispensable pour qu'il retrouve un sens des responsabilités.

58. Ensuite le détenu dispose de la faculté d'aménager et d'entretenir son espace, manifestant ainsi une certaine emprise sur lui. A la MA de Bordeaux, la visite des cellules occupées permet de se rendre compte de l'appropriation par chacun de ce lieu par des posters ou objets variés. De plus la balayette et la pelle fournies rendent chacun responsable de la propreté de leur cellule. Mais c'est surtout en centre de détention que ce phénomène ressort dans toute son ampleur simplement car les détenus ont le temps de s'y installer. Ainsi au CD de Mauzac, chaque pavillon[38] comprend un jardin où chacun peut planter des fleurs ou des pieds de tomates. Ensuite il comporte des espaces communs que les détenus sont totalement libres de meubler comme bon leur semble. En outre, dans le cadre du chantier école de Mauzac, hormis les champs cultivés, une parcelle de terrain spécifique est attribuée à chaque stagiaire pour qu'il puisse l'exploiter à sa guise sur son temps libre.

Cette faculté d'aménagement, loin d'être futile, rétablit une relation spatiale et permet au détenu de se recréer des repères facilitant une évolution future.

[38] Pour l'architecture complète du CD de Mauzac cf. *infra* p. 87 et p. 88.

59. Enfin, la maîtrise de l'espace suppose de pouvoir s'y déplacer librement. Totalement impossible en maison d'arrêt, ce facteur de responsabilisation occupe une place importante dans le fonctionnement des centres de détention. Au CD de Neuvic, chaque détenu est muni de la clé de sa cellule permettant de préserver un espace d'intimité vis à vis des codétenus et d'un badge de circulation. En effet les mouvements des détenus entre certains secteurs de l'établissement se font à l'aide d'une carte magnétique qui permet les ouvertures des portes et des grilles dans la mesure où elles ont été programmées par informatique, sans intervention d'un surveillant. De même la circulation à l'intérieur de l'établissement de Mauzac ne connaît aucune entrave. Les détenus disposent de la clé de leur cellule et ils se déplacent librement dans les cours, le gymnase, la bibliothèque ou d'un pavillon à un autre. C'est donc le détenu lui-même qui choisit ses déplacements, leur itinéraire, leur moment et leur durée selon son propre sens de l'organisation.
Cette disposition des clés et/ou des badges permet un renouveau de la place du détenu au sein de la détention et un rappel à la vie extérieure.

60. Par opposition a une chose inerte, le détenu développe une conscience du lieu dans lequel il vit et de l'impact de ses décisions sur cet espace. La responsabilisation trouve dans cette prise de conscience une manifestation essentielle. Cette maîtrise de l'espace doit être complétée par celle du temps.

B. La maîtrise du temps par le détenu

61. La prison apparaît comme « *une institution dont les règles et le fonctionnement, font précisément perdre toute identité par la déresponsabilisation au regard de la gestion du temps et des activités de*

la vie personnelle et sociale de l'individu »[39]. Dans ces conditions, responsabiliser le détenu envers lui-même suppose de lui redonner des responsabilités relativement au temps qui s'écoule. Le détenu doit se saisir du temps carcéral. Cette maîtrise a d'abord justifié le droit du détenu de conserver sa montre en prison. Ensuite, elle exige que celui-ci se mobilise pour prendre ses responsabilités dans l'établissement de son emploi du temps et dans son déroulement.

62. Le début de la responsabilisation se trouve dans le choix exercé par le détenu lui permettant de modeler la configuration de sa journée selon ses envies et ses objectifs personnels[40]. Les termes du choix du détenu autant que sa forme et ses modalités conditionnent cette responsabilisation.

Le panel d'activités mis à la disposition du détenu par l'administration pénitentiaire permet une mobilisation individuelle et donne ainsi du sens à la décision de la personne incarcérée. Le détenu peut d'abord opter pour un travail pénitentiaire au service général ou en concession. L'optique de responsabilisation a bouleversé la conception du travail en détention : originellement source de souffrance et d'expiation, il est devenu un outil du traitement pénitentiaire. L'année 1987 a marqué la fin du travail obligatoire permettant ainsi au détenu qui demande à travailler de manifester son sens des priorités. Outre cette expression de volonté, le travail procure plusieurs autres mécanismes de responsabilisation : il permet de retrouver un but quotidien, un rôle dans une organisation, de s'obliger à respecter des horaires, des consignes et ainsi à s'approprier des pratiques et des habitudes liées au monde du travail. Ce n'est pas un cadeau fait au

---

[39] Selon le docteur F. MOREAU, chef des services UCSA, Centre hospitalier de Versailles.

[40] Toujours dans les limites de l'institution totale qui seront abordées ultérieurement, cf. *infra* p. 108 et suivantes.

détenu, c'est l'apprentissage d'une vie équilibrée. Dans une étude du CREDOC[41] sur les motivations des détenus au travail, un détenu a conscience de cet apport responsabilisant : « *le travail me permet de conserver des initiatives personnelles et de ne pas subir constamment* ».

Ensuite l'administration pénitentiaire offre la possibilité aux détenus de suivre une scolarité ou une formation professionnelle dont les apports personnels et professionnels sont évidents. Le parcours de formation représente en lui-même un acte de responsabilisation : sur l'initiative du détenu, il permet d'acquérir une discipline, de fixer ses attentions et ses pensées.

La détention peut aussi l'être l'occasion pour le détenu de se prendre en charge sur le plan physique et psychique soit par des soins appropriés auxquels il doit consentir, soit en terme d'hygiène personnelle (notamment par les douches, l'inscription au salon de coiffure, le lave linge en libre accès), soit par des exercices sportifs, soit par une activité spirituelle.

Enfin la détention procure l'occasion de suivre des activités plus distrayantes, tels que les concerts, les diffusions de films, la possibilité de s'abonner à des journaux ou tout simplement les promenades. Dans l'organisation d'une journée, l'apport de ces activités ne doit pas être minoré pour atteindre un équilibre général et un épanouissement complet.

La diversité de ces activités assure un choix du détenu révélateur de sa plus ou moins grande responsabilisation. Mais cette diversité ne suffit pas. Pour éviter que ce choix ne soit faussé par des considérations économiques et pour permettre l'accès de tous à un travail, une formation ou un loisir, les responsables de la MA de Bordeaux veillent à une articulation logique entre les activités et non une simple juxtaposition : celles-ci ne se trouvent pas en concurrence mais en complémentarité puisque les activités culturelles

---

41 Centre de Recherche pour l'Etude et l'Observation des Conditions de vie.

sont proposées après 15 heures, une fois que le travail est terminé. Ce n'est qu'à ce prix que sera assurée l'effectivité du choix du détenu.

Ce choix peut revêtir plusieurs formes dont aucune n'est à négliger en terme de responsabilisation et qui reposent sur la double signification du mot droit : c'est à la fois pouvoir exiger le respect de ses droits et pouvoir y renoncer. Ainsi le refus ou l'arrêt[42] d'une activité constitue autant un acte de responsabilisation que la demande d'activité elle-même en ce qu'elle dénote un choix conscient de l'individu. Le libre arbitre de la personne se trouve alors restauré dans sa globalité.

Quant aux formalités de ce choix, il passe constamment par la rédaction d'un écrit[43]. Mais si en maison d'arrêt cet écrit transite nécessairement par un intermédiaire, en centre de détention, la relation est plus directe. Ainsi, l'établissement de Neuvic a développé la responsabilisation du détenu dans le domaine des cantines. En effet, le détenu après avoir rempli son bon de cantine, le transmet au responsable sans passer par le surveillant et va chercher ses achats à la « place du marché » en vérifiant instantanément ce qui lui est fourni au comptoir. Il dispose également de la faculté exceptionnelle de pouvoir cantiner en direct des objets qui se trouvent en vitrine autour de lui. Ce système faisant entrer la société de consommation en détention[44] a pour objectif d'apprendre aux détenus à maîtriser leur désir

---

[42] Mais les conséquences peuvent varier : à la MA de Gradignan, l'arrêt d'une activité n'interdit pas de s'y réinscrire ultérieurement car les formateurs veulent croire en l'évolution possible de chacun, mais le règlement intérieur prévoit que le détenu auquel une douche ou une promenade a été proposé et qui l'a refusée, ne pourra plus en bénéficier et devra patienter jusqu'au lendemain ou le tour suivant.

[43] Pour les critiques de la place de l'écrit en détention, cf. *infra* p. 81.

[44] Pour les effets pervers d'un tel système qui génère un trafic, cf. *infra* pp. 83 et 119.

face à des objets et leur donner envie de travailler pour les acquérir dans une logique de responsabilisation quotidienne.

63. Au-delà de sa faculté d'établir son emploi du temps en choisissant ses activités, le détenu détient aussi des responsabilités dans le déroulement de sa journée. En effet sa manière d'exercer l'activité dénote son implication plus ou moins intense, que ce soit dans l'arrivée, l'installation ou sa participation effective à celle-ci.

D'abord, l'arrivée du détenu est significative de sa responsabilisation ne serait ce que par le respect des horaires. De plus si en maison d'arrêt les détenus sont conduits par le surveillant, en centre de détention, c'est aux détenus de se présenter par eux-mêmes à l'activité. Au CD de Mauzac, dans le cadre de la ferme école, la responsabilisation est menée à son terme puisque les détenus doivent se lever seuls et être prêts au lieu de rendez-vous pour le convoi vers le champ. En cas d'absence à l'heure de départ, personne ne vient les chercher. De même au CD de Neuvic, une annonce est diffusée par haut-parleur au « rond point », et les détenus doivent faire seuls la démarche de se présenter.

Ensuite, le détenu peut prendre une part active dans l'installation du matériel. Ainsi dans le cadre du ciné débat organisé par le GENEPI, les intervenants laissent les détenus volontaires mettre en place la télévision et le lecteur DVD, constatant un réel enthousiasme de leur part et valorisant leur rôle au sein de celle-ci. Ce geste, en apparence anodin, est d'autant plus important au regard de la responsabilisation que les détenus manipulent un matériel fragile et coûteux. En outre les génépistes donnent la possibilité aux détenus de choisir le film de la séance suivante en fonction de consignes pré-expliquées et dans le respect de chacun.

Enfin, la manière de participer à l'activité révèle un degré de responsabilisation par un engagement dans la tâche. Par exemple, en centre de détention où le téléphone est en accès libre, certains pourront l'utiliser pour contacter un employeur éventuel ou une banque tandis que d'autres ne s'en servent qu'à titre privé attendant le concours des CIP pour les tâches administratives. En terme médical, depuis la suppression de la fiole, la responsabilisation du détenu est de plus en plus promue dans la prise de médicament en favorisant la distribution par semaine ou même par mois au lieu du passage de l'infirmière tous les jours. Ainsi une fois que les détenus disposent des médicaments, c'est à eux d'en réguler la prise. Et dans le domaine scolaire, c'est au travers du développement du travail personnel en cellule et de la participation active pendant les cours que le détenu peut afficher sa détermination. A chaque instant, l'essentiel est d'éviter l'attente passive et de prendre des initiatives. Au CD de Mauzac, les détenus ont entrepris eux-mêmes la construction d'un bosquet avec une fontaine sur le domaine et ont créé un journal mensuel intitulé « La clé des champs ». La qualité du travail fourni importe aussi révélant un état d'esprit. A ce niveau, il a été constaté que cette qualité représente un réel objet de motivation pour les détenus qui aiment le travail bien fait et qui sont conscients que l'offre de travail en dépend. Leur demander de produire une quantité en tenant un délai leur redonne un but auquel ils s'attèlent toujours avec ardeur.

64. Le détenu dispose désormais d'un véritable pouvoir d'organisation de sa journée. La manière dont se déroule son temps de détention et ce qu'il en retient, dépendent en grande partie de lui, de ses choix et de son comportement. Le détenu, responsable de lui-même, peut alors être à même de prendre des responsabilités envers autrui dans un objectif toujours plus poussé d'utilité de la peine.

§ 2. L'implication du détenu envers autrui

65. Bien qu'exclu de la société par son incarcération, le détenu n'est pas totalement isolé et ses actes conservent une signification pour les autres. Dès lors, il doit non seulement s'assumer envers lui-même mais aussi envers autrui. Cette responsabilisation dénote même un sens des responsabilités aigu. Elle s'exerce tant à l'égard de personnes internes (A) qu'externes à la détention (B).

A. A l'égard de personnes internes à la détention

66. Au cours de son incarcération, le détenu fréquente de manière plus ou moins récurrente des individus envers lesquels il ne peut pas rester indifférent. Sa responsabilisation à leur égard consiste à prendre en considération leurs intérêts et les répercussions de ses actes sur eux. Cette responsabilisation vis à vis de personnes se trouvant en détention concerne aussi bien le personnel que les codétenus.

67. A l'égard du personnel travaillant dans la prison, le détenu prend ses responsabilités de deux manières.

Premièrement, par le biais de diverses demandes d'audience auprès du directeur d'établissement, du chef de détention, le détenu présente des réclamations ou des plaintes qui démontrent son implication (art D. 259 du CPP). Il peut également solliciter un rendez-vous auprès d'un CIP[45] ou d'un médecin. Dans ce dernier cas, le détenu a le droit de demander au médecin d'établir un certificat médical qui lui sera remis personnellement, le détenu pouvant ensuite librement en disposer. Au nom du secret médical, le médecin ne peut pas transmettre directement ce document à l'autorité qui l'a requis, c'est au détenu de le faire.

---

[45] Même si le CIP dispose ensuite de la capacité d'apprécier l'opportunité de recevoir le détenu et d'effectuer ou non les démarches.

Deuxièmement, dans l'ensemble de ses relations directes avec autrui, le détenu doit manifester un respect, forme essentielle de responsabilisation, dans les horaires, la façon de se présenter et de se comporter. Un CIP a déjà pu refuser de donner suite à une demande d'audience si le détenu arrive trop sale.

68. Face à ses codétenus, les responsabilités de la personne incarcérée apparaissent tout aussi simples et primordiales. Toute vie en collectivité suppose ce sens des responsabilités. Cet aspect se rencontre en centre de détention où pendant la journée, la vie est collective, mais il est encore plus flagrant en maison d'arrêt où la surpopulation contraint les détenus à partager leur cellule. Ce respect d'autrui conduit notamment à l'interdiction de fumer dans les lieux collectifs mais, dans les cellules c'est à chacun de trouver un arrangement en raison des conditions de promiscuité. De même en centre de détention, le téléphone en libre accès exige des détenus de respecter l'ordre de passage, le temps de parole de chacun et la confidentialité des appels. Enfin la télévision en maison d'arrêt soulève deux problèmes. D'une part, lorsqu'elle est cotisée par plusieurs, ils doivent trouver un accord sur le programme à regarder. D'autre part, lorsqu'elle est payée par un seul, si celui-ci choisit librement le programme, les horaires de visionnage ne doivent pas gêner de manière excessive la vie et le sommeil des codétenus.
La personne incarcérée ne peut donc pas vivre égoïstement, elle doit avoir égard aux intérêts et aux attentes des personnes qui l'entourent, manifestant ainsi une grande responsabilisation.

69. Cette responsabilisation du détenu face aux personnes de son quotidien revêt un caractère primordial, mais dans l'optique d'une libération future, elle n'est pas suffi-

sante. Le détenu doit, dès sa détention, maintenir un lien de responsabilité avec l'extérieur.

B. A l'égard de personnes extérieures à la détention

70. En détention, le repli sur soi même représente un écueil à éviter. Le détenu doit s'inscrire dans une relation à autrui d'autant plus importante qu'il a vocation à retrouver une place dans la société à sa sortie. La responsabilisation encourage donc la conservation de ce lien. Ainsi le détenu est amené à prendre des décisions en fonction de personnes extérieures à la détention, notamment sa famille, la victime ou l'ensemble de la société.

71. Envers sa famille, la responsabilisation conduit le détenu à exercer ses responsabilités à trois niveaux.

D'abord, en matière juridique, la détention ne fait pas perdre en soi les droits et les obligations du détenu envers sa famille. S'agissant de son compagnon, le détenu peut se marier[46] (art D 424 du CPP). De plus, en cas de séparation, il continue de devoir sa pension alimentaire. A l'égard de ses enfants, l'autorité parentale ne prend pas fin par l'incarcération. Il appartient au parent, même détenu, de décider du sort de l'enfant. Et lorsque c'est une femme qui est incarcérée, elle peut choisir de garder son enfant en bas âge auprès d'elle jusqu'à l'âge de dix-huit mois (art D. 401 du CPP). En outre, le détenu peut toujours reconnaître un enfant.

Ensuite, en matière financière, nombre de détenus participent aux frais de leur famille en leur faisant parvenir des mandats sur la part disponible de leur compte nominatif[47]. Ainsi, non seulement ils continuent d'assumer leurs respon-

---

[46] Cf. *infra* pour une comparaison avec le PACS, p. 95.

[47] Pour la présentation complète du compte nominatif, cf. *infra* p. 95 et p. 96.

sabilités en tant que membre de cette famille, et en plus ils évitent que celle-ci ne subisse le poids de leur détention.

Enfin, au plan moral, l'intérêt de sa famille guide les décisions du détenu. Il peut maintenir un lien avec elle par une correspondance illimitée (art D. 65 et D. 417 du CPP) ou des visites. De manière paradoxale, certains détenus sont amenés à refuser une UVF ou un permis de visite notamment à leurs enfants pour leur éviter le traumatisme d'avoir à entrer en détention et voir leur parent enfermé. Ce refus représente un acte de responsabilisation remarquable faisant passer les intérêts de ses enfants avant les siens.

72. Envers la victime, une manifestation de la responsabilisation réside dans les versements volontaires que le détenu effectue en plus des prélèvements automatiques sur son compte nominatif, prenant ainsi en compte le sort de la victime au-delà du sien. Cette démarche de remboursement est primordiale parce qu'elle dépasse l'obligation du détenu et donc exprime son adhésion personnelle[48].

73. Au sein de la société, le détenu ne perd ni totalement sa place ni son statut de citoyen du fait de son incarcération. Son implication demeure possible à l'égard de la société et ce, à un double niveau.

Au niveau juridique, le détenu conserve son droit de vote depuis la loi du 31 décembre 1975 (sauf prononcé d'une peine complémentaire de l'article 131-26 du CP) et il continue de pouvoir gérer ses biens patrimoniaux extérieurs (art D 321 du CPP). Par ces actes, il garde un contact avec la réalité extérieure.

Sur un plan moral, sa qualité de détenu exclu de la société ne l'empêche pas de se sentir concerné par ce qui se passe dans le monde et de vouloir s'y investir. De manière ponc-

[48] Toutefois sur l'instrumentalisation de cette démarche, cf. *infra* p. 83 et suivantes.

tuelle, comme lors du tsunami en Asie, des détenus ont participé à l'élan général de solidarité par des promesses de dons. De même tous les ans, au CD de Neuvic, les personnes incarcérées confectionnent des gâteaux dont les bénéfices de la vente sont reversés au Téléthon.

74. Cet apprentissage des responsabilités du détenu envers lui-même ou envers autrui lui permet d'occuper une place effective dans le présent. Il n'a plus l'impression de simplement survivre en détention, il peut mener une vie active. L'étape suivante consiste alors pour lui à monter des projets pour construire un futur.

Section 2. La responsabilisation du détenu par son implication renforcée dans le futur

75. Pour une responsabilisation totale, le détenu doit allier à sa maîtrise du présent une anticipation du futur. L'incarcération peut être l'occasion de préparer un projet cohérent et de commencer à en suivre les premières étapes. La dimension responsabilisante du projet, notamment en détention, (§ 1) a justifié le déploiement de mécanismes de projet en détention (§ 2).

§ 1. La dimension responsabilisante du projet

76. Si le projet a toujours été perçu comme un mécanisme général de responsabilisation valorisant tout individu (A), son rôle en détention est accru du fait des caractéristiques de la détention (B).

A. L'apport général du projet à la responsabilisation

77. La notion de projet peut être définie comme « *un ensemble structuré de besoins personnels et de moyens de réalisation*

effectifs faisant l'objet d'un engagement, sous forme d'un plan d'action à échéances déterminées »[49]. Ce mécanisme du projet, lorsqu'il revêt certaines caractéristiques, comporte des vertus responsabilisante pour celui qui s'y attèle.

78. Dans son mécanisme, le projet s'inscrit parfaitement dans la logique de responsabilisation et ce à trois niveaux. D'abord dans son initiative, le projet se présente comme une démarche positive de construction. Il présuppose une intention de se prendre en charge pour atteindre un but précis. Ensuite dans sa réalisation, le projet nécessite un travail conséquent de réflexion sur soi, ses attentes, sa conception globale de la vie et sur le meilleur moyen d'atteindre ses objectifs. Enfin, dans sa concrétisation, il exige une volonté constante d'organiser sa vie en fonction d'un projet existentiel. L'implication doit donc être totale et permanente.
Finalement le projet, par une dynamique impliquant réflexion, motivation, gestion des possibles, est une affirmation et une maturation de l'homme par l'action. Il tente de faire de l'individu l'auteur de son parcours et un acteur produisant sa propre solution. Selon J. VASSILIEF, « *s'adapter c'est survivre, mais vivre c'est se projeter* »[50]. En ce sens, le projet est une des caractéristiques essentielles de l'être humain orienté vers le futur avec une volonté d'anticipation et bien souvent de contrôle[51].

79. Mais pour que l'apport du projet à la responsabilisation soit totalement effectif, il doit répondre à une caractéristique supplémentaire : il ne doit pas s'agir d'un

---

49 Selon un groupe de réflexion du CNO institué en 1993.

50 Cf. J. VASSILEFF, *Histoires de vie et pédagogie du projet*, Chronique sociale, Lyon, 1999, p. 59.

51 Cf. M. HUTEAU, *Les projets d'orientation des jeunes, approches psychologiques*, dans *Le projet*, un défi nécessaire face à une société sans projet, p. 33.

simple projet de complaisance, mais d'un « projet émancipateur »[52]. Ce qualificatif signifie que le projet doit avoir de la valeur aux yeux de l'individu lui-même. Il faut qu'il se sente libre de choisir ce projet, qu'il s'estime responsable de lui, qu'il désire ardemment le réaliser même si une aide dans l'élaboration peut toujours s'avérer nécessaire.

80. Dans ces conditions, dès que la responsabilisation a eu vocation à se développer en détention, un des moyens de la réaliser a été l'introduction de la notion de projet dans ce monde.

B. L'intérêt accru du projet en détention

81. La prison est souvent perçue comme un lieu de non-vie ou de simple survie. Le projet a alors été présenté comme un remède à cette passivité néfaste. En détention, il a trouvé un cadre lui permettant de manifester tous ses intérêts en terme de responsabilisation.

82. Appliquée au détenu, la démarche de projection le conduit à devenir acteur de sa peine en luttant à deux niveaux, contre la soumission et l'attente.

D'abord en s'investissant dans un projet individuel, le détenu dépasse les conduites d'adaptation liées à l'enfermement. En effet alors qu'il devait se soumettre au projet de l'institution, il est invité à construire son propre projet de manière dynamique. Il se détermine seul étant ainsi moins dépendant de l'institution. Le projet rend donc possible une détention plus active par la promotion du rôle du détenu.

Ensuite par le projet, la détention n'est plus « *un temps perdu mais un temps à prendre ou un temps à apprendre, le détenu peut y*

---

[52] Cf. G. BONVALOT, *Le projet émancipateur*, *ibid.* p. 397.

formuler non plus une attente mais ses attentes »[53]. L'implication du détenu dans un projet qui lui est personnel permet de modifier son vécu de l'enfermement : c'est lui qui arrive à la libération et non la libération qui lui arrive. Le fait de se projeter en détention permet au détenu de se fixer des échéances, des repères de temps pour ne pas avoir l'impression que le temps en prison se déroule en dehors de lui. Ainsi responsabilisé, le détenu reprend le contrôle de sa vie dans tous ses aspects.

83. L'ensemble de ces intérêts du projet comme démarche volontariste et valorisante dans le cadre d'une responsabilisation du détenu explique le déploiement concret des mécanismes de projet en détention.

§ 2. Le déploiement des mécanismes de projet

84. La certitude de l'intérêt du projet en détention pour la responsabilisation a engendré une volonté de promouvoir cette notion par le déploiement de divers mécanismes. Toutefois la réalité carcérale n'est pas propice à un développement uniforme de ces procédés dans tous les établissements pénitentiaires. En effet si le PEP a concrétisé cette idée en établissement pour peine (B), le projet reste largement informel en maison d'arrêt (A).

A. Le « projet arrivant » informel en maison d'arrêt

85. Si le temps passé en maison d'arrêt est par définition plus court et instable qu'en établissement pour peine, il ne doit pas empêcher les détenus de construire un projet. Même un projet minime permet de leurs redonner un certain sens des responsabilités et parfois une certaine autonomie.

---

[53] Cf. M. AURIOL, *L'attente du détenu*, mémoire, ENAP, 2000, p. 2.

En dehors de tout cadre formel difficilement concevable dans l'agitation d'une maison d'arrêt, le détenu devrait donc pouvoir se fixer des objectifs et des priorités donnant un sens à ses journées. Les courtes peines n'ayant que peu de temps pour s'inscrire dans un dispositif de responsabilisation, cette mobilisation doit avoir lieu dès l'arrivée du détenu. L'entretien arrivant représente alors une occasion de mettre en place ce processus.

86. C'est à la MA de Bordeaux-Gradignan qu'a pu être constatée une pratique se rapprochant sensiblement de ce qui peut être appelé un « projet arrivant ». En effet le directeur reçoit en audience tous les arrivants dans les jours qui suivent leur incarcération. Lors de cet entretien, il leur demande ce qu'ils souhaitent faire en détention. Cette question, aussi simple soit-elle, représente déjà un point de départ dans un parcours de responsabilisation par l'occasion qu'elle procure au détenu de se renseigner sur les diverses possibilités offertes par l'établissement et les modalités d'inscription. Cet entretien a vocation à susciter une envie et une demande de projets de détention. Ainsi le détenu est incité à commencer très tôt un travail de réflexion sur le sens qu'il veut conférer à sa détention.

87. Le but de ce projet arrivant est que le passage en maison d'arrêt ne soit pas un temps d'attente passive, mais déjà le début d'un parcours constructif qui pourra ensuite se poursuivre en établissement pour peine où la notion de projet a trouvé une expression formalisée.

B. L'institutionnalisation du PEP en établissement pour peine

88. En établissement pour peine, un mécanisme précis répondant à la notion de projet a été mis en place : le Projet d'Exécution de Peine. C'est le décret du 8 décembre

1998[54] qui créé cet instrument. Il est destiné aux personnes incarcérées pour lesquelles la durée de détention représente l'occasion de construire un parcours, professionnel ou non, dont l'aboutissement est la libération. L'administration centrale le définit comme la « *formalisation des étapes qui jalonnent le parcours pénitentiaire du condamné* ».
La volonté de mettre en place le PEP comme mécanisme responsabilisant est affichée tant dans les objectifs poursuivis qu'à travers le mécanisme du PEP lui-même.

89. Dans les objectifs du PEP, la responsabilisation occupe une place centrale. Dès la note ministérielle du 2 mai 1996 relative à la mise en place du PEP, ce projet est défini comme un processus à dominante pédagogique fondé sur une responsabilité accrue de la personne condamnée. Il constitue un instrument de transformation du détenu passant d'une situation de passivité à un partenariat.
De manière très formelle, trois objectifs étaient assignés au PEP dont le premier[55] « *donner plus de sens à la peine privative de liberté en impliquant le détenu dans la gestion de sa peine pendant toute la durée de son incarcération* » renvoie directement à la responsabilisation. En effet, en associant le détenu à la gestion de sa peine, le PEP est destiné à développer l'autonomie et le sens des responsabilités. Au travers de ce procédé, l'institution pénitentiaire offre au détenu la possibilité de s'investir dans l'exécution de sa peine.

90. Concrètement, le mécanisme du PEP encourage la responsabilisation par le rôle dévolu au détenu tant dans l'élaboration que dans la réalisation du projet. L'idée sous-

---

[54] Décret n° 98.1099.

[55] Les autres objectifs consistaient à améliorer l'individualisation administrative et judiciaire en proposant au juge un cadre objectif, et à introduire un mode de prise en charge et d'observation qui assure une meilleure connaissance du détenu.

jacente consiste en ce que le PEP soit le projet du détenu et non celui de l'établissement[56] : le détenu doit être porteur de son projet.
Cette implication de la personne incarcérée peut prendre différentes formes selon les centres de détention. En général, un questionnaire est remis au détenu lui permettant de se prononcer sur ce qu'il entend faire de sa détention dans le domaine des relations familiales, du travail, de la formation professionnelle, de l'éducation, des loisirs. Une fois qu'il est rempli (dans un délai maximum de trois mois), un entretien est organisé entre l'intéressé et l'agent du PEP. Ce dernier rédige ensuite une synthèse transcrivant les souhaits du détenu et ce à quoi il s'engage. Puis une commission se réunit, dont les décisions sont formalisées dans un projet. Un premier bilan doit être effectué au bout de trois mois puis une fois par an après entretien de l'individu avec l'agent du PEP. Toute modification apportée ultérieurement au PEP doit être émargée par le détenu.
Le dispositif général cherche donc à assurer une place effective au détenu, condition de sa responsabilisation par un projet qui se veut avant tout émancipateur.

91. Que ce soit dans son futur ou dans son présent, le détenu s'est vu octroyer des responsabilités qui le conduisent à s'assumer pleinement. Cette vision moderne de la responsabilisation cumulée à celle traditionnelle de l'engagement de la responsabilité du détenu du fait de ses actes marque la nouvelle importance de cette notion dans le traitement pénitentiaire.

92. L'évolution de la politique pénitentiaire dans les rapports de l'administration à l'égard du détenu se caractérise par le passage d'une culture autoritaire à une culture explica-

---

56 Pour un bilan de la mise en œuvre concrète de cette idée, cf. *infra* p. 91 et p. 92.

tive. Dans ce cadre, la responsabilisation représente aujourd'hui une nouvelle étape vers une culture participative où le condamné abandonnerait définitivement son statut traditionnel d'objet pour devenir le sujet acteur de sa peine. Pour autant si cette évolution semble amorcée au regard de l'intérêt grandissant manifesté pour cette responsabilisation, elle demeure timorée dans ses applications concrètes. Force est de constater que cet intérêt pour la responsabilisation du détenu ne trouve pas un écho aussi favorable en pratique. En effet la responsabilisation en détention rencontre des difficultés manifestes pour trouver sa place dans le milieu carcéral où elle reste marquée par une marginalisation profonde.

2ème PARTIE

Une marginalisation persistante de la responsabilisation du détenu

93. Depuis peu favorisée, la responsabilisation a inondé la société libre mais aussi le monde carcéral par divers mécanismes visant à faire du détenu l'acteur de sa peine. Cependant à l'heure où la prison constitue la clé de voûte de notre système pénitentiaire, l'introduction d'un concept aussi novateur ne va pas de soi. Aussi l'essor connu par la responsabilisation du détenu n'a pas suffit à en faire un concept dominant dans la réalité du milieu carcéral. Au contraire cette notion a été confinée dans un rôle secondaire.
Cette marginalisation persistante de la responsabilisation du détenu s'explique par deux causes complémentaires et successives. La conception stricte des conditions d'existence de la responsabilisation réduit les possibilités d'expansion de ce phénomène, tandis qu'elle est aggravée par une mise en oeuvre qui relativise encore plus ce mouvement.
Ainsi la marginalisation de la responsabilisation du détenu dans la vie carcérale se présente comme le fruit de l'action conjuguée des conditions restrictives (chapitre 1) et d'une mise en œuvre nuancée de ce concept (chapitre 2).

Chapitre 1.
Les conditions restrictives de la responsabilisation du détenu

94. Déjà souvent source de débats dans la société extérieure, la responsabilisation ne constitue pas plus une évidence en détention. Dans ce contexte, jouer sur les conditions de la responsabilisation permet de prendre des précautions dans l'introduction de cette nouvelle notion dans le milieu carcéral.
En effet pour exister, la responsabilisation du détenu est tributaire essentiellement de deux facteurs : un champ d'application et des moyens d'action. Or l'un et l'autre sont aujourd'hui conçus d'une manière restrictive générant ainsi une marginalisation de ce phénomène.
En définitive, c'est dès sa conception initiale que la responsabilisation du détenu ne dispose pas des atouts nécessaires à son épanouissement complet étant enfermée dans un domaine d'application étroit (section 1) et ne bénéficiant pas des moyens d'action suffisants (section 2).

Section 1. Un domaine d'application étroit

95. Faire une place à la responsabilisation suppose d'abord de déterminer à qui elle s'adresse. Or elle ne peut pas s'appliquer de manière similaire à une personne libre et à un détenu. En effet elle comprend une difficulté supplémentaire lorsqu'elle s'attèle à un individu qui a déjà manifesté un déficit de responsabilisation et qui se complait généralement dans l'assistanat (même si tout l'intérêt de la responsabilisation du détenu consiste justement à essayer de responsabiliser un individu qui ne l'est pas). De surcroît parmi les personnes incarcérées, l'hétérogénéité de leur profil

ne fait qu'ajouter à cette complexité. Aussi la responsabilisation ne concerne pas la globalité de la population pénale et ne s'applique pas de la même manière à tous, conduisant ainsi à largement relativiser son domaine d'intervention. D'ailleurs l'existence d'un centre de détention tel celui de Mauzac ayant comme principe de fonctionnement la responsabilisation est subordonnée à un tri spécifique des détenus avant leur affectation.
Le domaine d'application de la responsabilisation trouve ainsi une double limite dans le profil pénitentiaire et pénal (§ 1), et dans le profil personnel du détenu (§ 2).

§ 1. La responsabilisation limitée par le profil pénitentiaire et pénal du détenu

96. Tous les détenus, de par leurs différences de profil pénal et pénitentiaire, n'ont pas vocation à bénéficier de la responsabilisation. A ce niveau, il peut d'ores et déjà être constaté que les détenus identifiés dans une procédure criminelle se voient automatiquement fermer l'accès au travail en service général ce qui handicape leur responsabilisation en période de pénurie de travail. En outre certaines durées de peine (A) et certains régimes de détention (B) excluent, ab initio, toute responsabilisation du détenu.

A. Les durées de peine excluant la responsabilisation du détenu

97. La durée de la peine joue un grand rôle dans l'effectivité des mécanismes de responsabilisation. En effet une des conditions préalables à toute responsabilisation réside dans l'existence d'une durée adéquate. D'ailleurs les RPE ne posent la responsabilisation comme but du traitement pénitentiaire que « *dans la mesure où la durée de la peine le*

permet »[57]. Cela explique en grande partie la différence constatée dans l'ampleur du phénomène de responsabilisation selon les types d'établissement. Cette durée soulève deux problèmes opposés : celui des courtes peines et celui des longues peines.

98. S'agissant des courtes peines, cette durée empêche d'amorcer un processus de responsabilisation. Pourtant, et c'est là tout le paradoxe, elle suffit largement à déresponsabiliser le détenu. Elle déstructure mais elle ne reconstruit pas. Ainsi le détenu est affecté par les effets néfastes de la prison sans avoir la moindre occasion d'y remédier.
Le constat opéré à la MA de Bordeaux-GRADIGAN confirme largement cette analyse. En effet à la CLO où sont examinées les demandes des détenus au travail ou pour une activité, les dossiers de ceux dont les peines sont inférieures à trois mois, sont rejetés automatiquement sans aucune discussion. Cette absence d'examen n'est pas critiquée ici en elle-même, elle s'explique par le peu de travail disponible et les listes d'attente qui contraignent les dirigeants à fixer des critères et des priorités dans l'octroi de ces activités. Le débat est posé plus haut sur l'existence même de ces courtes peines d'emprisonnement. En effet, SALLEILES les qualifiait déjà « *de plaie vive du régime pénitentiaire* ». Non seulement elles ne sont pas utiles puisqu'elles pourraient être remplacées par d'autres peines au regard du peu de gravité de la violation de la norme sociale, mais elles sont, en outre, néfastes en terme de responsabilisation et de réinsertion.

99. S'agissant des longues peines, le problème se pose différemment : non pas en terme d'implication dans le présent mais dans l'anticipation du futur par un projet. Pour ces détenus, il est en effet délicat de se projeter dans l'avenir, ni à l'intérieur ni à l'extérieur des murs. Leurs perspectives

---

[57] Cf. *supra* p. 21.

sont inexistantes et leur détention se transforme en une attente passive, très éloignée de l'objectif de responsabilisation. Par exemple, au CD de Mauzac qui accueille en majorité des délinquants sexuels âgés ou condamnés pour de longue période, la proposition d'une formation professionnelle se heurte souvent à la même réponse : « *à l'âge où je vais sortir, je n'ai pas besoin de me former* », rejetant ainsi en masse toute activité responsabilisante.

100. La durée de la peine a donc une influence considérable sur les possibilités de responsabilisation du détenu et ainsi sur le sens de cette peine. Mais même dans le cas où cette durée apparaît favorable à une responsabilisation, l'effectivité de cette dernière ne sera pas pour autant acquise car elle dépend aussi d'une autre décision concernant le régime de détention sous lequel cette peine sera exécutée.

B. Les régimes de détention excluant la responsabilisation du détenu

101. La responsabilisation n'a pas vocation à s'appliquer à tous les détenus uniformément. Elle présuppose l'instauration d'un rapport de confiance et une certaine aptitude de la part du détenu à en bénéficier. C'est pourquoi certains régimes de détention appliqués à des détenus considérés comme dangereux ou fragiles, ne laissent, par nature, aucune place à la responsabilisation.

102. La responsabilisation du détenu fondée sur une plus grande autonomie de celui-ci, crée un risque supplémentaire par rapport à un régime traditionnel de garde stricte. C'est pourquoi, pour minimiser ce risque, elle suppose déjà une certaine évolution de la part du détenu avec l'instauration d'un rapport de confiance. Les détenus qui n'auront pas manifesté cette amorce de par leur comportement seront exclus du processus général de

responsabilisation. Par exemple tous les détenus placés en régimes de détention spéciaux en raison de leur comportement déviant ou de leur dangerosité (DPS, régime différencié, isolement), voient les possibilités de responsabilisation largement amenuisées à leur égard. Notamment dans le cadre du régime différencié mis en place au CD de Neuvic, les détenus ne disposent plus de la clé de leur cellule, ni du badge rendu inactif[58] et tous leurs déplacements sont encadrés par des agents. De même le label DPS génère une surveillance continue, des changements de cellule et d'établissement réguliers, rendant inopérante toute tentative de responsabilisation.

Dans ce contexte la responsabilisation représente un privilège auquel seuls les plus méritants peuvent accéder en totalité. Mais la responsabilisation n'est pas seulement une question de mérite, c'est aussi une question d'aptitude.

103. L'exclusion de la responsabilisation peut se faire dans l'intérêt même du détenu si ce dernier n'est pas prêt ou pas capable d'en bénéficier dans des conditions satisfaisantes, sans risque pour lui. Par exemple, à la MA de Bordeaux, il a pu être observé la mise en surveillance spéciale de certains détenus en raison d'un risque suicidaire identifié. Ce régime correspond à une vigilance accrue des surveillants à l'égard du détenu restreignant la place de la responsabilisation mais elle a lieu pour son bien.

De même, le régime de détention des mineurs incarcérés fait une place moindre à la responsabilisation. Si cet amenuisement n'est autre que le reflet général de la société où les enfants restent sous la coupe de leurs parents, reste que le régime de détention appliqué aux mineurs apparaît particulièrement contraignant ayant comme objectif d'occuper toute leur journée. Ainsi alors que les activités proposées par

---

58 Pour le fonctionnement en régime ordinaire du CD de Neuvic, cf. *supra* p. 55.

le GENEPI exigent en général une pré-inscription de la part des détenus, au quartier mineur de la MA de Bordeaux, cette inscription se fait d'office excluant *toute* éventuelle manifestation de volonté de leur part[59]. Au contraire le volontariat reviendrait à une forme de contrat moral, profitable à la responsabilisation, sachant que l'inscription à une activité engendre des obligations qu'il faut mener à terme.

104. En définitive, le profil pénal et pénitentiaire du détenu détermine en partie l'ampleur de la responsabilisation en raison de certaines incompatibilités. Et le champ d'application de la responsabilisation se trouve encore réduit par un autre facteur à prendre en compte : le profil personnel du détenu.

§ 2. La responsabilisation limitée par le profil personnel du détenu

105. Les détenus, déjà très différents selon leur profil pénal et pénitentiaire, le sont aussi en raison de leur profil personnel, ce dernier n'étant pas non plus toujours conciliable avec une responsabilisation. Ainsi la responsabilisation comme concept global peut paraître inadaptée à certains détenus marginalisés (A) ou dont le profil psychologique s'avère particulier (B).

A. Une responsabilisation inadaptée à un public marginalisé

106. La responsabilisation ne revêt pas les mêmes contours selon l'individu auquel elle s'applique, c'est un phénomène amplement relatif. Le niveau d'instruction et les

[59] Pour les avantages d'un tel système, cf. *infra* p. 109.

moyens financiers d'un détenu emportent de larges conséquences sur l'effectivité de la responsabilisation.

107. Le niveau d'instruction du détenu fait partie des paramètres à ne pas négliger lorsque des mécanismes de responsabilisation sont mis en place. En effet nombre de limites à la responsabilisation trouvent une explication dans la faiblesse de ce niveau d'instruction qui empêche une réelle autonomie.
Par exemple, même s'il existe des écrivains publics en détention, la nécessité de rédiger un écrit pour formuler toute requête auprès de l'administration pénitentiaire, notamment pour le travail, complique l'accès à la responsabilisation pour une population pénale au sein de laquelle le taux d'illettrisme est élevé. Le sénat mettait déjà l'accent sur ce point dans son rapport en 2000 : *« paradoxe pour une population qui compte entre 20 et 30 % d'illettrés, la procédure dans les établissements pénitentiaires est essentiellement écrite »*[60].
De même les vertus responsabilisante du travail[61] sont largement freinées par le caractère répétitif et peu qualifiant des tâches proposées (coller une clé en plastique sur un prospectus, rouler des parchemins de tombola...). Mais il faut se rendre compte qu'un travail de plus haut niveau n'aurait sans doute pas sa place en détention en raison du peu de compétence du public visé[62]. Au CD de Mauzac où un atelier confectionne des tapis de luxe, il est difficile de pourvoir ces postes qui demandent minutie. De même le CD de Neuvic comprend un atelier de soudure très perfectionné, mais rares sont les détenus qui disposent du niveau suffisant pour pou-

[60] Cf. le rapport du sénat, Prison *une humiliation pour la République*, n° 449, 2000, p. 149.

[61] Cf. *supra* p. 56 et suivantes.

[62] Au surplus, l'alinéa 2 de l'article D. 244 du CPP ne prévoit la possibilité de confier des responsabilités aux détenus travailleurs que dans des conditions strictes.

voir l'intégrer. C'est pourquoi le responsable du travail à la MA de Bordeaux insiste sur le fait que c'est moins la qualité des tâches proposées que les tâches elles-mêmes qui importent dans la rééducation des détenus. Il faut alors ici se contenter d'une responsabilisation modérée.
Enfin la projection dans le futur qui fait partie intégrante de la responsabilisation[63] s'avère particulièrement délicate pour une population qui vit souvent dans l'immédiateté avec les avantages associés et qui peut éprouver des difficultés à concevoir le long terme.

108. Pénalisée par son niveau d'instruction, la population carcérale l'est aussi fréquemment pour des raisons financières. En effet l'indigence sévit tout particulièrement au sein de cette population et selon les dernières études, la paupérisation gagne encore du terrain : en cinq ans, le revenu moyen des détenus est passé de 4 à 1,6 Euros par jour[64]. Or certains mécanismes de responsabilisation supposent une participation financière qui devient alors un obstacle à cette responsabilisation (même si les indigents bénéficient d'une aide financière ou d'une priorité aux emplois).
De manière évidente, la télévision ou les abonnements à des journaux, fenêtres ouvertes sur le monde, ont un prix que tous les détenus ne peuvent pas acquitter. De même, le montant de la cotisation pour certaines activitéS, comme le permis de conduire au CD de Mauzac, peut rebuter des détenus[65]. Enfin, le prix des cantines, souvent plus élevé qu'à l'extérieur, ne permet pas à chacun d'accéder aux différents produits et génère alors des arrangements entre les détenus

---

[63] Cf. *supra* p. 65 et suivantes sur l'implication du détenu dans son futur.

[64] Cf. N. GUIBERT, *La concurrence met en péril le travail en prison*, dans Le monde du 10 avril 2005.

[65] En sens inverse, pour les avantages d'une telle participation financière, cf. *infra* p. 104.

difficiles à gérer. Par exemple au CD de Neuvic[66], les désirs suscités envers des objets de luxe en vitrine, au lieu de responsabiliser ceux qui n'ont pas les moyens de se les acheter, encouragent un trafic en détention.

109. Le niveau d'instruction des détenus et leurs possibilités financières en font un public particulier auquel le concept de responsabilisation ne peut pas forcément être transposé ou pas de manière uniforme. Cette relativité de la responsabilisation est encore accentuée par le profil psychologique du détenu.

B. Une responsabilisation inadaptée au profil psychologique des détenus

110. La responsabilisation est destinée à s'appliquer à un être humain dont le profil psychologique explique en partie l'échec de ce concept. Cette entrave liée directement au détenu apparaît même comme la plus difficile à surmonter par son caractère aléatoire et insaisissable. Elle s'exprime doublement dans le refus de toute responsabilisation et son « instrumentalisation ».

111. Alors que la responsabilisation a pour objectif de mieux préparer le détenu à affronter une vie future, elle peut être perçue négativement en raison des contraintes immédiates engendrées. C'est pourquoi certains détenus peuvent se fermer totalement et refuser d'entrer dans le jeu de la responsabilisation selon deux attitudes envisageables.

D'une part, certains détenus se replient entièrement sur eux mêmes, et rejettent toute idée d'activité ou de projet . Ils se complaisent dans un système d'assistance permanente. Dans ce cadre, le refus n'est plus une forme de responsabili-

---

[66] Sur la présentation de ces cantines, cf. *supra* p. 58.

sation car il est systématique et ne dénote aucun choix conscient[67].

D'autre part, au-delà du simple rejet, des détenus peuvent manifester des plaintes à l'égard de la responsabilisation et souhaiter la restauration d'une autorité forte en détention imposant constamment comment se comporter. Certains, ayant besoin de cadre, se montrent même complètement désorientés dans une détention libre. Cette expérience est notamment vécue au CD de Mauzac où, en entretien, certains détenus affichent leurs regrets quant au trop grand laxisme du centre et demandent expressément à repartir. Il est même arrivé qu'un détenu mette en garde l'administration sur ce genre de fonctionnement qui, selon lui, ne serait pas viable. Cet exemple illustre parfaitement la sur-adaptation à l'univers carcéral, totalement néfaste en terme de préparation à la sortie. Si l'introduction de la notion de responsabilisation a justement pour but de lutter contre ce phénomène, elle s'avère impossible sans un minimum d'adhésion de la part du détenu.

112. Une autre manifestation de la volonté du détenu contraire à la responsabilisation réside dans « l'instrumentalisation » des mécanismes mis en place. En effet, certains détenus pervertissent le système en le détournant de son but initial à leur profit. Ils suivent le processus de responsabilisation dans ses aspects matériels, mais sans y adhérer. Ce manque d'authenticité de la volonté du détenu constitue en pratique l'obstacle majeur et une barrière infranchissable pour la responsabilisation.
Le détournement des mécanismes de responsabilisation peut prendre deux formes. D'un côté, certains détenus choisissent de suivre une formation ou une activité non pour en retirer un profit mais seulement pour occuper le temps, par dépit

[67] Par opposition au refus conscient évoqué précédemment, cf. *supra* p. 58.

ou pur opportunisme car il n'y a rien d'autre à faire. Ainsi éviter l'oisiveté apparaît souvent parmi les motifs des demandes de travail. De l'autre côté, se trouvent ceux qui s'inscrivent dans un processus de responsabilisation par utilitarisme. Ceux-là cherchent à obtenir un avantage particulier, en principe un avis favorable des différentes commissions pouvant influencer l'octroi de RPS. Lors des interventions en soutiens scolaires du GENEPI, il est fréquent qu'un détenu déclare en entrant : « *je ne suis pas là pour me prendre la tête, seulement pour les RPS* ».

Ces deux attitudes sont particulièrement nuisibles non seulement au détenu mais aussi à l'ensemble de la détention puisque pendant ce temps, elles empêchent des individus motivés d'accéder à ces activités. Elles s'affichent donc en totale opposition avec la responsabilisation. Malheureusement cette « instrumentalisation » apparaît comme la rançon inévitable de tout système fonctionnant sur le modèle de la « carotte et du bâton ». Il apparaît tout de même nécessaire aujourd'hui de mettre en place une procédure de vérification de l'authenticité des demandes. Toute la difficulté réside alors dans la détermination de critères permettant d'identifier une volonté réelle. Si les progrès réalisés constituent un indicateur utile, tout effort n'entraîne pas nécessairement un progrès, il faut alors tenir compte de la ponctualité et de l'assiduité. En tout cas, la simple demande elle-même ne peut plus représenter un investissement à prendre en compte, la responsabilisation va bien au-delà.

113. La responsabilisation du détenu ne trouve pas un domaine d'application à la hauteur de ses ambitions dans le monde carcéral. Au contraire, une fois pris en compte l'ensemble des facteurs déterminant son champ d'intervention, il semble qu'elle se réduise à une peau de chagrin. Et même dans les cas où elle pourrait trouver une application, les moyens d'action nécessaires ne lui sont pas vraiment accordés.

Section 2. Des moyens d'action insuffisants

114. Faire une place à la responsabilisation, c'est lui accorder les moyens d'une telle politique. Or il semble qu'en l'état actuel, la responsabilisation relève plus de mesures éparses que d'un ensemble de moyens coordonnés.

Le caractère récent de ce phénomène explique certainement en grande partie l'insuffisance des moyens de responsabilisation. Un certain temps est toujours nécessaire à l'institution pénitentiaire pour introduire des mécanismes novateurs en son sein. Toutefois les lacunes constatées ne doivent pas être minorées tout simplement parce qu'elles indiquent quel sens devrait prendre une politique pénitentiaire qui voudrait faire de la responsabilisation une réelle priorité.

Les stages effectués ont permis de mettre en évidence la généralité des insuffisances concernant à la fois les moyens matériels (§ 1) et les moyens juridiques (§ 2) de responsabilisation.

§ 1. L'insuffisance des moyens matériels

115. La responsabilisation du détenu dans la vie carcérale suppose de fournir les moyens de cette action. Or de nombreuses insuffisances entravent une responsabilisation complète du détenu. Ces contraintes tant techniques (A) qu'économiques (B) génèrent un sentiment d'insatisfaction et de frustration relativement à la place de la responsabilisation du détenu dans le milieu pénitentiaire qui dépend ici uniquement de considérations matérielles.

A. L'insuffisance des moyens techniques

116. Bien que la responsabilisation soit avant tout un phénomène psychologique de prise de conscience de soi et de ses actes, elle ne peut pas être déliée de considérations techniques. A ce niveau, des défaillances se manifestent en

termes de locaux et de personnel contrariant la mise en place d'une logique de responsabilisation du détenu.

117. Les locaux revêtent une importance capitale pour toute politique qui veut organiser une responsabilisation. Loin d'être anodins, ils posent deux problèmes en terme de responsabilisation: un d'inexistence et un d'incompatibilité.

D'une part, la responsabilisation exige des lieux réservés à cet effet. Or nombre d'établissements manquent simplement de salles pour pouvoir organiser les diverses activités à vocation responsabilisante. En effet la scolarité suppose des salles de cours, le sport exige un gymnase et le travail ne peut se dérouler que dans des ateliers. Or ces locaux ne sont pas toujours disponibles, dissuadant ainsi souvent des actions de responsabilisation.

D'autre part, au-delà de ce problème récurrent, la responsabilisation ne peut pas avoir lieu dans n'importe quelle salle. Les locaux doivent être aménagés et équipés selon les nécessités de l'activité. Or l'architecture des établissements pénitentiaires n'est souvent pas compatible avec la responsabilisation. En effet la plupart des établissements ont été construits sur un modèle cherchant avant tout à assurer la garde et la sécurité. Ainsi la MA de Bordeaux se présente comme un bâtiment massif, sur six étages, non propice aux mouvements de détenus, et avec une cour de promenade entourée de hauts murs. Au contraire une politique axée sur la responsabilisation conduirait à concevoir une tout autre architecture. Par exemple, le CD de Mauzac, issu du programme 13 000[68], favorise la responsabilisation non seulement dans son fonctionnement mais aussi dans ses murs. Par une tentative de normalisation, il s'écarte des standards de la construction pénitentiaire pour s'intégrer au

---

[68] Le programme 13 000 est un programme de construction de nouvelles places de détention impulsé par la loi du 22 juin 1987.

paysage périgourdin. Divisé en deux établissements distincts, le nouveau centre est composé de 21 pavillons d'un étage, rassemblés en cercle autour d'une petite place délimitée par des bancs et des arbres. Chaque unité d'hébergement abrite 12 cellules individuelles de 10 m2 avec WC particulier. Au rez-de-chaussée, se trouve une salle à manger commune avec un coin cuisine. Chaque pavillon dispose aussi d'une douche et d'une buanderie avec lave linge. La prison ne dispose pas de murs mais de grillages, ce qui donne une vue sur la campagne environnante. Dans cette physionomie générale, le centre ressemble à une cité moderne ou un centre de vacances[69]. L'ensemble de cette structure laisse aux détenus une grande marge d'autonomie et les revalorise dans cet espace, ce qui représente autant de signes d'une responsabilisation aboutie.

118. Quant au personnel, c'est dans le manque d'effectif que se concrétise la relativité de la responsabilisation du détenu. De manière évidente, les activités proposées en détention sont tributaires d'intervenants formés à cet effet et de l'encadrement par un personnel de surveillance. Mais ces personnes ne sont pas toujours en nombre suffisant pour assurer de manière satisfaisante les activités, surtout par rapport à une demande croissante des détenus. De même, dans les soins procurés tant par l'UCSA que le SMPR, le nombre de médecins exerçant en détention empêche le détenu d'opérer un choix, anéantissant ainsi le grand principe du droit médical tenant au libre choix du médecin. Cette situation peut générer une violence lorsque le détenu a l'impression que le médecin lui est imposé. Enfin l'existence d'un droit au mariage pour les personnes incarcérées se trouve lui-même souvent confronté en pratique à un obstacle dû aux officiers d'état civil qui ne se déplacent pas, ce qui

69 Le CD de Mauzac est qualifié de « prison Club-Méd » car les deux institutions ont le même architecte.

empêchent tout simplement le détenu de prendre ses responsabilités.

119. Au final, la technique n'est pas encore au service de la responsabilisation qui doit se contenter de moyens très faibles. Un tel retard par rapport à la responsabilisation s'explique certainement par le caractère non prioritaire de ce phénomène dans les mentalités et par l'insuffisance du budget des établissements. Mais les données économiques emportent d'autres conséquences.

B. L'insuffisance des moyens économiques

120. Les données économiques ont un impact décisif sur la responsabilisation du détenu. Ce lien se vérifie en ce que leur insuffisance entrave nécessairement la responsabilisation.
Malgré la généralité des effets des données économiques, elles seront ici surtout évoquées en ce qu'elles inhibent largement l'effet responsabilisant du travail pénitentiaire et cela d'une double manière : dans l'existence du travail et dans sa rémunération.

121. D'une part la responsabilisation par le travail exige tout simplement de pouvoir proposer de telles fonctions aux détenus. Or la concurrence économique joue un rôle direct sur la possibilité de leurs proposer du travail et donc de les responsabiliser. Ce facteur tend d'ailleurs à prendre de plus en plus de poids dans le sens où le travail en détention est marqué par une insuffisance croissante. Pour preuve, le taux d'activité des prisonniers ne cesse de diminuer passant de 47,6% en 2001 à 33,5% en 2005. Une explication se trouve dans les délocalisations des entreprises qui confient moins de productions aux ateliers pénitentiai-

res[70], ces derniers n'ayant pas les moyens de rivaliser et pénalisant au final la responsabilisation du détenu.

122. D'autre part l'apport du travail à la responsabilisation passe, entre autres, par une rémunération adéquate qui doit permettre d'apprendre la valeur de ce travail. Or celle-ci dépend aussi de données économiques. Mais les impératifs budgétaires et le maintien de la compétitivité du travail en détention conduisent à verser des salaires assez dérisoires. Par l'absence de proportionnalité entre le salaire versé et le travail effectué, le travail perd beaucoup de ses fonctions responsabilisante. Par exemple, pour les détenus employés au service général, il existe une fourchette de rémunération allant de 7 à 12 Euros par jour[71] mais à la MA de Bordeaux, le choix a été délibérément fait de se situer dans la fourchette basse en raison d'une diminution des budgets et cela afin de maintenir un nombre de postes décents. L'offre de travail a donc primé le niveau de rémunération car le travail est un bien convoité en détention alors pourtant que les deux participent à la responsabilisation du détenu de manière équivalente.

123. Ainsi en pratique, les tentatives de responsabilisation se trouvent souvent avortées pour des problèmes techniques assez ordinaires car les moyens d'une telle politique s'avèrent difficiles à réunir. Le cadre juridique de la responsabilisation souffre des mêmes déficiences.

---

[70] Sur ce sujet, cf. N. GUIBERT, *La concurrence met en péril le travail en prison,* Le monde, 10 avril 2005.

[71] Le Seuil Minimum de Réinsertion (SMR) ne peut pas être enfreint sauf à la demande des détenus.

§ 2. L'insuffisance des moyens juridiques

124. L'octroi de droits aux détenus a été présenté comme un des facteurs essentiels de responsabilisation[72]. Pourtant au-delà des efforts entrepris dans l'action de responsabilisation constatés dans la première partie de ce mémoire, il apparaît que les moyens juridiques de responsabilisation restent encore largement insuffisants. En effet tandis que les droits accordés sont souvent à nuancer dans leur efficacité en ce qu'ils ne sont pas réellement aboutis (A), d'autres droits demeurent totalement inexistants (B).

A. Le non aboutissement de certains droits

125. Donner une place à la responsabilisation exige d'accorder des droits pour pouvoir se prendre en charge. Mais encore faut-il que ceux-ci ne se résument pas à une simple reconnaissance de principe dénuée de portée. Or il apparaît que de nombreux droits octroyés demeurent superficiels comme en témoignent les exemples du PEP et du droit disciplinaire.

126. Les stages en centre de détention, en particulier la participation à la CLI du CD de Mauzac, ont permis de mettre à jour une réalité du PEP décevante car très éloignée de la volonté originelle de responsabilisation. La pratique a fait du PEP un simple travail pluridisciplinaire : l'ensemble des intervenants de l'établissement fait le point sur la situation du détenu. La personne incarcérée ne trouve qu'une place relative dans ce dispositif sans réelle implication de sa part. Respectée de manière formelle, la philosophie actuelle du PEP se retrouve ainsi aux antipodes des buts recherchés : il devient plus le projet de l'établissement pour le détenu que le projet personnel de ce dernier. D'ailleurs, même si le déte-

---

[72] Cf. *supra* p. 51.

nu voulait monter un projet, sa faculté de choix est très réduite, le PEP ne permettant jamais une réelle individualisation du projet. Les commissions tiennent davantage compte des possibilités offertes dans l'établissement que des souhaits des détenus.
La mission de diagnostic menée en 2004 relativement au PEP reconnaît parfaitement cet échec par un double bilan : si l'implantation des dispositifs visant à améliorer la pluridisciplinarité et l'observation des détenus a réussi, l'objectif d'implication du détenu n'a pas été atteint. Un CIP du SPIP de Mauzac a pu livrer son analyse à ce sujet : *« Pour le moment j'ai l'impression que les détenus n'existent pas dans le PEP. Je pense que l'on parle beaucoup sur le détenu, mais cela ne va pas plus loin. Dans l'absolu, il serait bien que les détenus participent à la commission pluridisciplinaire. Le PEP aurait alors toute son importance. Les détenus seraient totalement responsabilisés et l'institution aussi par la même occasion. Aujourd'hui ils sont avisés par lettre de ce qui se dit en leur absence »*. Le détenu n'a donc pas trouvé sa place au centre du processus qui a largement oublié son objectif de responsabilisation.

127. Alors que la contribution du droit disciplinaire à la responsabilisation devrait être plus forte que jamais depuis le décret du 2 avril 1996[73], il faut avouer que ce moyen de responsabilisation reste artificiel tant la réforme est restée inachevée. Nombre d'entraves rendent ce procédé non effectif.

D'abord le principe de légalité, s'il a le mérite d'exister, demeure largement flexible en absence de rédaction des fautes claire et précise. Les renvois au règlement intérieur et le contenu trop large de certaines fautes représentent notamment un facteur d'incertitude néfaste au regard d'une légalité stricte et de toute tentative de responsabilisation.

---

[73] Cf. *supra* p. 92 et suivantes.

Ensuite au niveau des peines, plusieurs écueils empêchent le droit disciplinaire d'assumer pleinement son rôle en matière de responsabilisation. En effet, malgré un contrôle du juge, l'absence de corrélation formelle entre une faute et une sanction dans les textes peut être source d'un arbitraire incompatible avec l'idée de responsabilisation. En outre, il a été constaté au cours de diverses commissions de discipline à la MA de Gradignan, que l'individualisation de la peine revient à une chimère : la pratique associe rigoureusement à chaque fait une sanction, respectant ainsi une stricte égalité entre les actes, mais au détriment de toutes les explications que peuvent avancer les détenus. Au final, alors que le placement en quartier disciplinaire devrait être la sanction de dernier ressort régissant les comportements les plus inadmissibles, il est prononcé dans 73% des cas, seuls la durée et l'octroi ou non d'un sursis permettent de faire varier cette peine. Cette automaticité se concilie difficilement avec la responsabilisation.

De plus dans la procédure, le droit de se défendre, au-delà du symbole que représente la prise de parole du détenu, demeure illusoire tant ses propos sont démunis d'incidence sur la détermination de la sanction. La possibilité de recourir à un avocat est peu usitée et dans tous les cas celui-ci ne connaît pas assez le monde pénitentiaire pour pouvoir défendre son client de manière efficace. De surcroît les droits de la défense sont bafoués par le délai de trois heures largement insuffisant, la difficulté de recourir à un interprète et d'auditionner des témoins. Dans ce cadre, la procédure disciplinaire n'est pas encore assez aboutie pour permettre une réelle responsabilisation.

Enfin la possibilité d'exercer des recours reconnue aux détenus leur permettant ainsi de s'investir davantage dans le procès disciplinaire, apparaît tellement encadrée qu'elle ne fait que rajouter à l'impression générale de non-application des droits et de non responsabilisation. En effet, l'accès au juge est subordonné à un préalable décourageant, consistant en un recours hiérarchique devant le directeur régional. Or ce RAP prend souvent la forme d'une barrière empêchant de s'adresser au juge. Pour preuve, le nombre de recours contentieux exercés dans la DR de Bordeaux est très faible se situant aux alentours de 6 en 2004. En outre, le champ d'application de ces recours contentieux reste limité par la théorie des mesures d'ordre intérieur, puisqu'il n'est toujours pas ouvert, par exemple contre un avertissement ou le placement préventif en quartier disciplinaire[74]. Ces exemples illustrent le domaine dans lequel le détenu reste soumis à l'administration pénitentiaire sans pouvoir assumer personnellement ses actes. Quant aux effets de ces recours, leur pertinence semble bien faible puisqu'en absence du caractère suspensif du recours, la sanction sera le plus souvent largement finie d'exécuter avant que le juge n'ait eu l'occasion de se prononcer. Dans cette situation, ce dernier n'aura d'autre choix que de l'annuler et prononcer une réparation en cas de dommage. La seule solution consisterait alors à recourir à une procédure de référé liberté obligeant le juge à statuer dans un délai de 48 heures mais la jurisprudence a tendance à penser qu'ici la sauvegarde d'une liberté fondamentale, condition de ce référé, n'est pas en jeu car c'est seulement une intensification d'une limite à une liberté. Ainsi le détenu se trouve dans la réalité plus ou moins démuni face à une sanction disciplinaire à laquelle il doit se résigner et sa responsabilisation ne peut qu'en pâtir.

128. Les droits accordés aux détenus représentent certainement un progrès en terme de responsabilisation mais leur efficacité relative conduit à largement réévaluer leur apport. Ainsi ces mesures passent à côté de leur rôle en matière de responsabilisation. Ce constat est aggravé par la persistance de zones de non droit total.

---

[74] Cf. l'arrêt du Conseil d'Etat FREROT, 12 mars 2003.

B. L'inexistence de certains droits

129. La responsabilisation du détenu nécessite notamment des moyens juridiques. Mais le mouvement relativement récent de reconnaissance des droits laisse encore persister des zones de non droit qui constituent alors autant de barrières à la responsabilisation. Une commission d'enquête a pu expliciter cette limite à travers la question suivante: « *comment exiger du détenu qu'il respecte à sa sortie les règles de la société si le fonctionnement de l'institution carcérale n'a pas lui-même respecté le détenu en tant que sujet de droits ?* »[75]. Plusieurs exemples peuvent illustrer cette absence de droit nuisible à la responsabilisation.

130. C'est d'abord dans les relations personnelles du détenu que le déficit de droit et donc de responsabilisation se manifeste. La possibilité de conclure un contrat de PACS, largement diffusée dans la société extérieure, n'est pas offerte aux détenus en ce que leur cellule ne constitue pas un domicile. De plus leur droit aux relations sexuelles, non reconnu, soulève de nombreuses polémiques. Sans entrer dans ce débat, force est de constater que le détenu et encore plus le détenu responsabilisé devrait pouvoir décider de se prendre en charge seul surtout sur des questions aussi intimes.

131. Ensuite, au niveau financier, la gestion de l'argent est dénoncée comme étant totalement déresponsabilisante par l'anéantissement d'une gestion quotidienne. En effet dès l'écrou, le détenu se voit retirer tous les moyens de paiement en sa possession, puis les sommes dont il dispose sont affectées sur un compte ouvert à son nom en détention : le compte nominatif. Dans cette affectation le détenu est soumis à une répartition tripartite sur laquelle il ne dis-

---

[75] Cf. commission d'enquête sur la situation des prisons françaises, *La France face à ses prisons*, les documents d'information de l'assemblée nationale, 2000, n° 2521, tome 1, p. 126.

pose d'aucun pouvoir (art. D. 320 à D. 320-3 du CPP). En outre dès que le pécule de libération atteint une somme, le comptable ouvre d'office un livret caisse d'épargne sans même la signature du détenu, forçant ainsi une économie et immobilisant l'argent (art D. 324 et A. 41-1 du CPP).
Ce système fait l'objet de nombreuses critiques, il a notamment pu être signalé que « *tout le fonctionnement actuel de la gestion du compte nominatif n'est pas de nature à responsabiliser le détenu puisqu'on épargne pour lui, on indemnise pour lui, on ne l'oblige pas à déclarer ses revenus. De telles méthodes détachent le détenu de l'argent* »[76]. Cependant il ne faut pas négliger les réponses apportées à ces critiques. Premièrement le système a été amélioré en 2005 puisque désormais le détenu doit déclarer ses ressources même s'il n'est pas imposable et pour cela le montant imposable est inscrit sur le bulletin de paie. Deuxièmement même si ce système n'est pas parfait, il se justifie non seulement en terme de sécurité mais aussi de réinsertion : c'est une protection contre le racket et le trafic en détention, et il permet d'offrir une chance au détenu de préparer sa sortie alors que cette population aux ressources faibles ne trouve pas réellement la possibilité d'épargner par elle-même. Pour autant la logique de responsabilisation exigerait justement que ce soit les détenus eux-mêmes qui se créent cette chance.

132. Enfin, au niveau contractuel, l'absence de convention en détention marque un retrait majeur dans le mouvement de responsabilisation. En effet, le contrat structure « *en ce qu'il prend au sérieux la parole et la signature du contractant, (…) le restaure comme personne autonome à qui est recon-*

---

[76] Cf. AP, consultation de personnels pénitentiaires et intervenants extérieurs du centre de détention de Val-de-Reuil sur le projet de loi pénitentiaire, 2001.

nu le droit de choisir, d'accepter ou de refuser »[77]. Or cet outil de responsabilisation ne se retrouve ni dans le PEP ni dans le travail.

Lors de la création du PEP, la notion de contrat avait été avancée mais a été abandonnée dans la mesure où sont impliqués des professionnels dont les logiques divergent et où des décisions échappent à la seule autorité pénitentiaire. De plus s'il est possible de concevoir quelle pourrait être la sanction du manquement d'un détenu à ses engagements contractuels, il serait plus délicat de déterminer celles de l'institution pénitentiaire. Finalement le PEP n'est pas un contrat au sens juridique du terme, s'éloignant ainsi de la notion d'engagement pourtant si nécessaire en terme de responsabilisation.

De même le travail en détention ne donne pas lieu à la conclusion d'un contrat, ni de ce fait à l'application du droit du travail. D'ailleurs la jurisprudence a énoncé l'incompétence du conseil des prud'homme pour connaître du contentieux des détenus en matière de travail pénitentiaire[78]. Or l'assemblée nationale elle-même constatait que *« l'absence du droit du travail ruine la conception du travail pénal comme outil de réinsertion »*[79], il devient une simple activité occupationnelle. Même si cette absence a été justifiée par les contraintes liées à l'enfermement, il apparaît que donner un véritable sens au travail pénitentiaire, notamment en terme de responsabilisation, passe nécessairement par

---

[77] Cf. M. PERRET, *Le détenu, sujet contractant*, revue trimestrielle Projet, dossier *Prisons, les verrous et le droit.*

[78] Cf. Cour de cassation, chambre sociale, arrêt du 17 décembre 1996, commentaire de GIUDICELLI-DELAGE et MASSE à la revue Droit social 1997, p 344.

[79] Cf. le rapport de l'assemblée nationale *La France face à ses prisons*, juin 2000.

l'introduction du droit dans la relation de travail[80]. C'est pourquoi à la MA de Gradignan, dans le cadre du PACTE II, il a été mis en place, a minima, un support d'engagement au travail et un règlement intérieur des ateliers qui doivent placer le détenu en situation de responsabilité. Ces documents permettent de matérialiser un engagement professionnel avec des droits et des obligations. Ils indiquent la durée de travail, la nature de l'emploi et la rémunération. Mais s'ils induisent une reconnaissance de la participation du détenu comme acteur à part entière dans le processus de production, ils restent dénués de toute valeur juridique et leur apport en terme de responsabilisation demeure bien faible.

133. L'ampleur des moyens mis à la disposition de la responsabilisation illustre parfaitement l'ambiguïté de la place de la responsabilisation du détenu dans le milieu carcéral entre essor et marginalisation. Si on peut espérer la poursuite du mouvement de reconnaissance de droits aux détenus, il reste que, alliés à un domaine d'intervention très étroit, ces moyens insuffisants, constituent autant d'explications à la marginalisation de la responsabilisation du détenu. Celle-ci est ensuite accrue dans une mise en œuvre, qui loin de combler ses lacunes, la conforte dans sa place secondaire.

---

[80] Même si beaucoup redoutent qu'un alignement du travail pénitentiaire sur le droit commun précipite la fin du travail en prison, il semble que des règles minimales doivent être introduites, ne serait-ce qu'en terme de sécurité, de paiement d'indemnités en cas d'arrêt de travail ou de protection contre le renvoi.

Chapitre 2.

La mise en œuvre nuancée de la responsabilisation du détenu

134. Même lorsque les conditions de la responsabilisation du détenu sont réunies, le périple de cette notion ne prend pas fin. Au contraire l'étude de la mise en œuvre concrète du concept tend à prouver que, dans cette seconde étape, la responsabilisation est encore renforcée dans son rôle secondaire, restreignant ainsi toujours plus sa propagation.

Introduite dans un monde dont personne ne peut nier les spécificités, la responsabilisation y connaît des aménagements. Si l'adaptation de la notion au contexte relève du bon sens, il faut se demander si elle ne masque pas une impossibilité plus profonde de développement de la responsabilisation dans la vie carcérale. Pour faire sa place, la responsabilisation doit non seulement affronter les caractéristiques de l'institution pénitentiaire mais aussi son personnel. Elle ne peut en ressortir que davantage affaiblie.

Le développement de la responsabilisation du détenu dans la vie carcérale ressent donc une double gêne dans son articulation avec les caractéristiques de l'institution pénitentiaire (section 1) et avec les missions du personnel pénitentiaire (section 2).

Section 1. La responsabilisation face aux caractéristiques de l'institution pénitentiaire

135. La responsabilisation appliquée à la vie carcérale du détenu ne peut évidemment pas se développer aussi librement que dans la société extérieure. Elle doit prendre en compte les caractéristiques inévitables de ce milieu, or la nature de celui-ci ne se prête pas toujours à un accueil chaleureux d'un concept aussi novateur et libéral que la responsabilisation. Notamment ses missions spécifiques (§ 1) et sa nature totale (§ 2) sont loin de favoriser une responsabilisation qui doit constamment rechercher une articulation bien précaire.

§ 1. La responsabilisation face aux missions de l'administration pénitentiaire

136. Le nouveau concept de responsabilisation cherche à s'inscrire dans un milieu pénitentiaire ancien, ce qui suppose d'en prendre en compte les éléments préexistants, notamment ses missions. Classiquement l'administration pénitentiaire est réputée assumer à la fois une fonction de garde sécuritaire et de réinsertion[81]. Dès lors il faut déterminer quels rapports peut entretenir la responsabilisation avec ces deux notions. Or cette relation, déterminante sur la place laissée à la responsabilisation, est complexe, supposant de la part de la politique pénitentiaire d'opérer des choix peu évidents entre diverses priorités. Entre rapport d'opposition franche ou de complémentarité, l'équilibre semble précaire, et souvent au détriment de la responsabilisation.
Dans cette confrontation, l'évidence du conflit entre responsabilisation et sécurité doit être relativisée (A) tandis que la

[81] Cf. *supra* p. 16 et suivantes.

corrélation entre responsabilisation et réinsertion doit être nuancée (B).

A. Au regard de la sécurité

137. Parmi les missions de l'administration pénitentiaire, la sécurité occupe une place particulière. Aussi insérer le concept de responsabilisation dans le milieu carcéral ne peut se dispenser de le confronter à cet impératif omniprésent. Ces rapports entre responsabilisation et sécurité conduisent à restreindre en grande partie la place de la responsabilisation dans le monde pénitentiaire. Mais en réalité les rapports entre les deux notions sont beaucoup plus complexes qu'il n'y paraît : à une opposition évidente peut succéder une complémentarité.

138. La sécurité au sens strict, mission principale de l'administration pénitentiaire surtout dans une époque où le tout sécuritaire et le risque zéro priment, exige de maintenir une surveillance forte de tout instant sur le détenu. En sens inverse la responsabilisation implique de laisser une marge d'autonomie à ce dernier afin qu'il puisse prendre des initiatives. Elle conduit donc à créer un risque puisque aucune certitude n'existe sur le comportement que le détenu décidera au final d'adopter, et ce risque est incompatible avec les impératifs sécuritaires.
Dans cette conception, l'opposition entre sécurité et réinsertion se révèle flagrante et elle explique de nombreux obstacles à l'extension de la responsabilisation au sein du monde carcéral.

139. Pour autant, la responsabilisation ne doit pas être perçue uniquement comme un mécanisme de provocation en terme sécuritaire. Elle contient un deuxième aspect qui permet de dépasser cette vision : la responsabilisation peut induire la sécurité.

Tous les praticiens admettent que les diverses activités, les formations ou le travail contribuent à apaiser la détention. D'ailleurs quand le travail diminue en détention, l'ambiance s'en trouve automatiquement affectée. Un chef de détention s'inquiète en ces termes : « *moins de détenus occupés, c'est plus de détenus à prendre en charge sur la coursive, plus de demandes, plus de frustrations, plus d'incidents…* ». Cela s'explique puisque le détenu actif varie ses centres d'intérêts, il se dépense et se situe dans une démarche constructive, loin de préoccupations délinquantes. Aussi la responsabilisation du détenu représente un facteur de régulation et de pacification de la détention non négligeable. Pour preuve, en arrivant au CD de Mauzac, ce qui surprend aux premiers abords, c'est le calme ambiant.

Pour autant, si la quiétude peut être une des conséquences de la responsabilisation, celle-ci ne doit pas être utilisée à cette seule fin. Responsabiliser le détenu uniquement pour gérer la détention n'est pas souhaitable, cela constituerait un détournement de la notion. Or beaucoup de surveillants ne considèrent les activités, notamment socioculturelles, que comme un moyen d'occuper le détenu, temps pendant lequel ils ont moins de problèmes en détention. Un directeur préfère voir un détenu « *dans un atelier de travail plutôt que traîner dans tout l'établissement* ». Dans ces conditions, les mesures de responsabilisation perdent, en grande partie, leur valeur.

140. Dans la confrontation entre sécurité et responsabilisation, cette dernière ressort nécessairement affaiblie. Une telle diminution n'est pas critiquable en soi car les établissements pénitentiaires ne peuvent fonctionner sans sécurité. En revanche elle soulève des inquiétudes dès que la sécurité devient omnipotente au détriment de tout autre objectif. Mais il ne faut pas croire que la sécurité est la seule mission de l'administration pénitentiaire à heurter la responsabilisation.

B. Au regard de la réinsertion

141. Malgré les apparences, les rapports entre réinsertion et responsabilisation ne répondent pas à la simplicité. En sens inverse par rapport à la situation précédente, c'est leur complémentarité évidente qui peut faire place à une opposition alors bien délicate à surmonter.

142. A première vue, la responsabilisation s'inscrit parfaitement dans la mission de réinsertion de l'administration pénitentiaire en ce que les deux ont vocation à préparer le détenu à mieux affronter son retour à la vie libre. En effet, l'idée de la responsabilisation est de faire du détenu un homme qui assume complètement ses actes et sa vie pour lui permettre de se prendre en main à sa sortie dans les meilleures conditions possibles. La responsabilisation représente alors simplement une étape supplémentaire dans le parcours de réinsertion.

143. Mais cette relation ne vaut qu'en surface. Un intérêt marqué pour les mesures concrètes mises en place au nom de ces deux concepts, permet de mettre en exergue une différence de logique : sur le plan financier, là où la responsabilisation exige que le détenu s'assume seul, la réinsertion a souvent poussé les diverses instances à faire bénéficier le détenu d'une gratuité absolue. Les diverses institutions se retrouvent alors face au paradoxe de devoir effectuer un choix entre réinsertion et responsabilisation alors que les deux sont motivés par l'intérêt du détenu. Trois exemples illustrent cette opposition.

D'abord, au-delà du fait que nombre de détenus soient couverts par la CMU, le principe en détention réside dans la gratuité des soins et dans un accès facilité à divers spécialistes. En terme de réinsertion, l'idée se trouve dans le déclenchement d'une prise de conscience de son corps à un moment où le détenu dispose du temps nécessaire pour prendre soin de sa santé, sans oublier que sans cela beaucoup de détenus n'auraient pas les moyens de se payer de tels soins. Mais la responsabilisation dénonce une telle situation qui n'inculque pas le sens des valeurs, le respect du travail des personnels soignant ou des détenus réellement nécessiteux. A ce niveau, les abus de soins constatés sont assez révélateurs. Cette situation est d'autant plus néfaste qu'à l'extérieur, une telle gratuité n'existe pas sous une forme aussi absolue et que les rendez-vous chez les spécialistes s'avèrent beaucoup plus longs à obtenir. En outre, à leur sortie, les détenus ne sont pas réellement encouragés à poursuivre leurs efforts, aucun suivi n'étant assuré dans la continuité. Il n'est donc pas certain que par ces mesures le détenu soit préparé à affronter la vie libre. Ici la responsabilisation mériterait d'être promue dans son intérêt.

Ensuite dans le cadre des activités, les deux logiques s'affrontent de manière flagrante. Ainsi au CD de Neuvic, le SPIP fait primer la réinsertion avec une gratuité absolue. Par exemple afin d'éviter les récidives de conduite sans permis, il a instauré la gratuité pour passer le code de la route. Au contraire, au CD de Mauzac, un choix totalement différent a été opéré : la volonté de responsabiliser le détenu conduit à solliciter une participation financière du détenu pour pouvoir passer son permis de conduire. De même les stagiaires de la ferme école de Mauzac participent à l'achat de leur tenue de travail dont ils sont propriétaires et responsables.

Enfin, la participation du détenu à l'entretien quotidien soulève une polémique. Le prélèvement sur le salaire des détenus d'une somme destinée à représenter une participation aux frais, notamment de logement ou de nourriture, a été supprimé en France pour plusieurs raisons : au nom de l'égalité car seuls les travailleurs participaient, et au nom de la réinsertion car elle ne favorisait pas les gens motivés par le travail. Mais dans d'autres pays, tel l'Autriche, cette contribution est maintenue comme un facteur important de responsabilisation du détenu qui, comme tout individu, doit assumer ses frais de vie.

En définitive responsabilisation et réinsertion ne prônent pas nécessairement les mêmes mesures. Si le choix n'est pas simple, une participation financière pourrait symboliser l'implication d'un détenu responsable. Il faudrait seulement qu'elle concerne l'ensemble de la population carcérale et qu'elle réponde à un système de stricte proportionnalité aux revenus, voire avec un abattement pour les travailleurs.

De cette expérience ce qu'il faut retenir, ce n'est peut être pas tant une opposition structurelle entre responsabilisation et réinsertion, qu'une opposition due à une méprise sur le sens et le contenu de la réinsertion. Une fois admis qu'aider le détenu à se réinsérer ne passe pas uniquement par l'octroi de toujours plus de droits gratuits[82], la responsabilisation pourra à nouveau devenir un moyen de réinsertion à part entière.

144. Sécurité, réinsertion et responsabilisation peuvent éprouver des difficultés à cohabiter dans un monde où les priorités varient de manière cyclique en fonction des politiques. Si actuellement la responsabilisation ne domine pas, il faut espérer un revirement prochain. Mais même dans une période favorable, la responsabilisation du détenu doit toujours composer avec la nature totale de l'institution pénitentiaire.

§ 2. La responsabilisation face à la nature totale de l'institution pénitentiaire

145. La responsabilisation du détenu cherche à s'introduire dans un milieu dont la nature totale emporte nécessairement des répercussions dans la façon de mettre en œuvre cette notion. La nécessité de concilier l'objectif de responsabilisation et les traits de l'institution totale, par na-

[82] Pour le développement de cette idée, cf. *supra* p. 18.

ture opposés, aboutit à un compromis jamais réellement acquis où « l'effritement »[83] du caractère total (A) trouve pour corollaire le maintien d'un cadre total inévitable (B).

A. L'effritement de la nature totale de l'institution pénitentiaire

146. La responsabilisation du détenu conduit par nature à ouvrir un espace de libertés là où justement la peine d'emprisonnement se définit comme la restriction de ces libertés. Au sein de cette opposition de nature entre les deux concepts, la mise en œuvre de la responsabilisation confirme la détérioration constante des caractéristiques faisant de la prison une institution totale.

147. Dans leur présentation classique, les établissements pénitentiaires constituent l'exemple typique de la notion d'institution totale dégagée par E. GOFFMAN dans son ouvrage de référence *Asile*[84]. Selon celle-ci, l'incarcération relève d'une prise en charge absolue de l'individu faisant place à une relation de dépendance. Au contraire la responsabilisation conduit à rendre une autonomie pour lutter directement contre toute subordination ou assistanat[85] empêchant le détenu de se prendre en main. L'opposition structurelle entre la responsabilisation et l'institution totale apparaît ici clairement.
Toutefois il faut souligner que la volonté d'introduire la responsabilisation dans ce monde était justement inspirée par l'idée de lutter contre les effets déresponsabilisant de

---

[83] D'après l'expression de G. LEMIRE, *Anatomie de la prison*, Presse de l'université de Montréal, 1990, p 147.

[84] Cf. E. GOFFMAN, Asiles, éditions de Minuit, collection Le sens commun, 1968.

[85] Pour l'exposé plus complet de la théorie de l'institution totale, cf. *supra* p. 23.

l'institution totale. La réflexion ne porte donc pas sur une opposition naturelle mais sur la façon de concilier les deux et ses effets.

148. Si responsabilisation et institution totale peuvent coexister, c'est au prix d'une redéfinition de leurs contours respectifs. Dans ce cadre, le développement de la responsabilisation a conduit à réduire le caractère total de l'institution pénitentiaire.
L'effritement de la nature totale de l'institution pénitentiaire a pu être constaté par des auteurs au premier rang desquels se trouve G. LEMIRE. Dans son article intitulé *La prison, univers totalitaire, un certain effritement,* il retrace l'évolution: *« l'Etat totalitaire coercitif correspondait à un certain ordre social lors de sa création il y a deux siècles, mais l'essor des libertés individuelles et l'inefficacité des mécanismes traditionnels de contrôle ont considérablement modifié les règles du jeu. L'effritement de l'Etat coercitif témoigne de son anachronisme »*[86]. L'institution totale connaît donc une mutation: d'organisation coercitive, elle tend progressivement vers le modèle normatif. Si le système coercitif est hiérarchisé et autocratique, dans un système normatif, l'arbitraire diminue et des droits sont reconnus aux détenus.
Cette analyse trouve un écho dans les propos de STATSNY et TYRNAUER[87] qui avaient déjà constaté que le système pénitentiaire serait engagé dans un processus de « détotalitarisation ». Enfin d'autres auteurs observent que « *les murs de la prison se sont ramollis* »[88]. Dès lors la responsabi-

---

[86] Cf. G. LEMIRE, *Anatomie de la prison*, Presse de l'université de Montréal, 1990, p 147.

[87] Cf. STATSNY et TYRNAUER, *Who rules the joint ?*, 1982. Toutefois leur analyse s'applique surtout aux établissements à sécurité maximale nord américains, c'est à dire les plus coercitifs.

[88] Cf. A. CHAUVENET, F. ORLIC, G. BENGUIGUI, *Le monde des surveillants de prison*, édition PUF, collection sociologie, 1994.

lisation du détenu constitue un jalon supplémentaire dans ce parcours.

149. Finalement la responsabilisation du détenu dans la vie carcérale dépouille peu à peu la prison des caractéristiques qui en faisaient une institution totale. Mais cette relation n'est pas univoque et l'institution totale elle-même affecte la conception de la responsabilisation, manifestant ainsi sa persistance.

B. Le maintien d'un cadre total inévitable

150. Malgré le mouvement certain de recul du caractère total de la prison, cette conception n'est pas encore dépassée. Ainsi si le caractère total est moins dominant, il persiste à travers le maintien d'un cadre total fixant toujours les limites à l'intérieur desquelles la responsabilisation peut s'opérer. C. VEIL a pu constater que « *si on observe un assouplissement de la clôture, il s'accompagne d'une inflation de contrôles intra muros de plus en plus intrusifs. L'administration pénitentiaire a recours à de nouvelles barrières* »[89].
L'emprise de l'institution totale sur la responsabilisation se manifeste à plusieurs égards par un rôle de l'administration toujours poussé à l'extrême au détriment de celui qui pourrait être dévolu au détenu dans le cadre de la responsabilisation. L'intervention de l'institution apparaît encore très oppressante que ce soit au moment de l'initiative de la responsabilisation ou dans son déroulement.

151. A l'idéal, la responsabilisation suppose que ce soit le détenu lui-même qui décide de se prendre en main. Or en détention, la responsabilisation dépend en premier

---

[89] Cf. C. VEIL, *La prison en changement*, édition Erès, 2000, p. 17. Elle illustre son propos page 128 par le droit de téléphoner accompagné des écoutes et les parloirs sans hygiaphone qui donnent lieu à des fouilles à corps.

lieu d'une initiative de l'administration qui décide ou non de la mise en place des mécanismes responsabilisant. La responsabilisation se trouve donc amputée le plus souvent de l'un de ses sens.

En réalité il s'agit là d'un aménagement de la notion doublement nécessaire en vertu du milieu dans lequel elle aspire à évoluer. D'abord le détenu a besoin de moyens de se responsabiliser que seule l'administration pénitentiaire peut lui fournir dans un monde coupé de l'extérieur. Ensuite il serait peu réaliste d'attendre que le détenu se responsabilise seul alors qu'il ne l'a pas fait à l'extérieur. L'administration se doit d'essayer d'amorcer un processus qui n'est pas naturel. En effet certains détenus ont besoin d'être stimulés et guidés avant de pouvoir avancer seuls. Une étape d'impulsion s'avère nécessaire. Peu importe si la responsabilisation n'existe pas dans la démarche initiale, ce qui compte, c'est le résultat final.

Dans ce cadre, les inscriptions automatiques aux activités peuvent revêtir un intérêt non négligeable[90]. Par exemple, au CD de Mauzac, un individu, arrivé avec une rancœur avérée envers les travailleurs sociaux, a refusé toute activité pour s'enfermer dans une détention passive. Mais l'insistance de certains personnels l'a poussé à accepter une formation professionnelle. Etant le moins qualifié du groupe, ses chances d'obtenir son CAP étaient minimes. Pourtant peu à peu il a appris à apprécier ce qu'il faisait et, contre toute attente, il a obtenu son diplôme. A présent, en entretien, c'est lui qui réclame toujours plus d'activités. Ainsi valorisé par une première expérience positive, il est désormais prêt à se prendre en charge. Toute la difficulté consiste alors à inciter la responsabilisation sans tomber dans un assistanat permanent.

152. Dans le déroulement des activités, l'institution totale éprouve du mal à s'effacer pour faire place à la res-

---

[90] Pour une critique de ce système, cf. *supra* p. 80.

ponsabilisation, imprimant de sa marque tant le choix que le contrôle des activités.

Premièrement, alors que la responsabilisation effective dépend en partie des termes du choix que le détenu peut opérer entre les activités[91], le rôle de l'administration à ce niveau demeure consistant. L'activisme promu cache souvent un consentement prédéterminé. Par exemple, la nature des activités proposées dépend d'une décision administrative préalable. D'ailleurs toutes les prisons ne se fixent pas les mêmes priorités dans leur politique générant ainsi une inégalité dans le traitement des détenus. Au CD de Mauzac, la ferme école occupe tous les esprits. Pourtant seuls soixante détenus peuvent y être affectés, les autres doivent donc trouver à se responsabiliser par des activités différentes, or celles-ci sont minimes (en matière scolaire, les détenus ne disposent pas des moyens pour passer des diplômes universitaires). Ce problème se révèle d'autant plus important que, par méprise, nombre de détenus transférés au CD de Mauzac, ne remplissent pas les conditions pour intégrer la ferme école, leur projet perd alors tout leur sens. De même, les badges du CD de Neuvic[92] devraient permettre aux détenus de maîtriser leurs déplacements dans l'espace. Mais leur programmation précise ne permet qu'un accès limité dans certaines plages horaires à des secteurs déterminés. Dans ces conditions, les badges se résument plus à un mode de fonctionnement qu'à une réelle responsabilisation.

Deuxièmement, dans l'exercice des facultés d'autodétermination laissées aux détenus, les contrôles constants entravent les actions dans leur aspect responsabilisant. Au cours des activités socioculturelles du GENEPI, si en principe la surveillance doit avoir lieu à distance, il arrive que des surveillants insistent pour rester dans la salle d'activité.

---

[91] Cf. *supra* p. 56 et suivantes.

[92] Pour la présentation de ce système, cf. *supra* p. 55.

Le constat est alors sans appel : les détenus sont totalement inhibés et la séance reste un moment de détention ordinaire sans apport réel notamment pour la responsabilisation.

153. Le cadre total maintenu par l'institution, tant qu'il n'est pas excessif, s'avère doublement important en terme de sécurité et de responsabilisation car le détenu doit aussi apprendre que personne ne fait entièrement ce qu'il veut dans la vie (les supermarchés sont soumis à des horaires, les déplacements à des règles, leur profession à un supérieur hiérarchique…). Pour les mineurs qui sont souvent dépourvus de repères, la prison peut représenter alors l'occasion d'intégrer un système de références.

Pour autant, au final, dans cette articulation délicate entre l'institution pénitentiaire et la responsabilisation, ce qui ressort, c'est l'impression d'une responsabilisation encore trop cantonnée à de simples parcelles d'autonomie enclavées dans un monde total. Cette vision négative est accentuée par le flou qui entoure les relations du détenu responsabilisé avec les divers personnels pénitentiaires.

Section 2. La responsabilisation face aux fonctions du personnel pénitentiaire

154. La responsabilisation du détenu est mise en œuvre dans un lieu spécifique mais aussi par un personnel sur les fonctions duquel elle ne peut qu'avoir un impact. Malheureusement ces conséquences ne sont pas encore identifiées, et chacun est à la recherche de son rôle exact. Cette confusion dans la pratique de la responsabilisation ne fait qu'accroître le malaise ressenti envers cette notion. Elle concerne autant les rapports du détenu avec les surveillants (§ 1) qu'avec les CIP (§ 2) en ce que la responsabilisation remet en cause respectivement les concepts de garde et d'aide.

§ 1. Les rapports confus du détenu avec les surveillants

155. Fondé avant tout sur la notion de garde, le métier de surveillant se trouve directement confronté à la volonté de responsabilisation du détenu qui prône une certaine autonomie. En pratique, l'individu responsabilisé ne peut plus entretenir les mêmes rapports avec le personnel de surveillance. Pour qualifier cette nouvelle relation, la notion de « surveillant référent » a émergé (A), mais un scepticisme ambiant demeure perceptible (B).

A. L'émergence du concept de « surveillant référent »

156. Les évolutions de la place du détenu en prison exigent une redéfinition des fonctions des surveillants qui ne sont plus adaptées à l'objectif de responsabilisation. C'est par le concept de « surveillant référent » qu'il a été répondu à cet impératif.

157. Les missions confiées aux surveillants sont intrinsèquement liées à la place laissée au détenu au sein de l'établissement pénitentiaire. Dès lors il est impossible de modifier un aspect indépendamment de l'autre. Or la responsabilisation bouleverse totalement le rôle dévolu au détenu en lui accordant une autonomie plus grande dans son quotidien. Elle affecte donc nécessairement le métier de surveillant.
Pendant longtemps, le gardiennage l'a emporté sur toute autre fonction du surveillant. L'animation des activités dans l'établissement étant confiée aux CIP et aux intervenants extérieurs, la mission des surveillants était perçue assez péjorativement : confiné dans un rôle de « porte clés » sans possibilité d'initiative, le surveillant a une autorité au contenu exclusivement négatif, répressif et disciplinaire. Or à partir

du moment où le détenu tend à devenir acteur de sa peine, cette fonction d'ouverture des portes lui est restituée, et le surveillant perd cette mission. Que lui reste-il alors ? Il était nécessaire de redéfinir cette profession.

158. C'est d'abord la pratique qui a fait du surveillant un interlocuteur privilégié du détenu. Au quotidien son travail tend à être rénové par un aspect d'écoute et d'observation du détenu. Dans ce cadre, son pouvoir n'est plus uniquement contraignant, il devient un pouvoir de communication, de réponse et d'information. Pour nommer cette évolution en marche, les auteurs ont dégagé le concept de « surveillant référent »[93]. Puis récemment ce sont des campagnes publicitaires qui ont relancé l'intérêt pour ce métier en mettant en avant la contribution des surveillants à la réinsertion.
Dans les établissements visités, cette évolution est visible en ce que les détenus recherchent eux-mêmes ce dialogue avec les surveillants. En effet alors que l'on pourrait croire que le détenu responsabilisé qui n'a plus besoin du surveillant, chercherait à éviter au maximum son contact, le constat est inverse. Ainsi au CD de Mauzac où les détenus circulent librement, la plupart se rassemble toujours autour du « rond point », place centrale où se trouve la majorité des surveillants. Et dès que l'un d'eux traverse la cour, les détenus essaient de renouer le lien par un salut, une discussion ou une réclamation quelconque.

159. La responsabilisation du détenu est indissociable d'une revalorisation des surveillants. D'ailleurs il a été souligné que « *la reconnaissance de la population pénale passe par la*

---

93 Sur cette notion cf. P. MBANZOULOU, *La réinsertion sociale des détenus- De l'apport des surveillants de prisons et des autres personnels pénitentiaires*, édition L'Harmattan, 2000.

reconnaissance du personnel de surveillance »[94]. Mais si le concept de surveillant référent constitue certainement une réponse, il n'est pas certain qu'il permette encore d'appréhender l'ensemble des aspects de l'évolution pénitentiaire.

B. Un scepticisme persistant

160. La nouvelle relation qui s'instaure entre les surveillants et les détenus responsabilisés n'emporte pas une satisfaction générale. Au contraire, les critiques adressées à ce système conduisent à s'interroger sur l'opportunité de trouver d'autres orientations pour répondre à la nécessité de rénover le métier de surveillant face à la responsabilisation des détenus.

161. La nouvelle conception du métier de surveillant engendrée en partie par la responsabilisation et fondée sur la réinsertion et le dialogue, fait l'objet de critiques. Certains détenus (surtout des anciens qui connaissent bien le milieu carcéral) dénoncent les évolutions récentes et comparent le CD de Mauzac à une « *école primaire* » ou « *un cocon* » où tout est bon pour attirer l'attention du surveillant sur soi et ses bonnes grâces. En réalité, un tel rapprochement amène à constater que les détenus maintiennent une relation de dépendance forte à l'égard des surveillants contre laquelle la responsabilisation cherchait justement à lutter. Ils n'assument pas leur autonomie. Ils sont à l'affût de la moindre occasion de se confronter à l'autorité comme s'ils existaient aussi à travers ce rapport. La responsabilisation se retrouve ainsi dans une impasse : combattue d'un côté, elle se trouve restaurée de l'autre.

---

[94] Cf. M. SAINT-JEAN, *Double mission pour les surveillants*, revue trimestrielle Projet, dossier *Prisons les verrous et le droit*, n° 269, 2002, p. 68.

162. Cet échec de la responsabilisation du détenu conduit à s'interroger sur la légitimité de la valorisation de la mission de réinsertion des surveillants tel qu'elle a été opérée. En effet si elle constituait un moyen nécessaire de rééquilibrer les rapports entre surveillants et détenu, ce procédé a sans doute été employé à mauvais escient. Les campagnes publicitaires autour du métier de surveillant ont fait uniquement la promotion du côté relationnel oubliant totalement l'aspect sécuritaire de la profession. Aussi les surveillants recrutés ont pu être déçus par une réalité où les actions de réinsertion ne représentent qu'une facette parmi d'autres. Il serait certainement temps aujourd'hui de valoriser la fonction de garde car celle-ci, correctement effectuée, s'avère tout aussi importante. Aucun des deux aspects n'est plus noble que l'autre, ils doivent se compléter pour assurer une prison juste et non déresponsabilisante. Il faut valoriser l'ensemble de la profession sans tabou. Entre « *le surveillant gardien* » et le « *surveillant social* »[95], il n'y a pas à choisir.

163. Finalement la responsabilisation du détenu ne peut se passer d'une réflexion sur le métier de surveillant et pour l'instant, à ce niveau, elle pose plus de questions qu'elle n'apporte de réponse. Les doutes soulevés apparaissent encore plus intenses pour les CIP.

§ 2. Les rapports confus du détenu avec les CIP

164. Fondé avant tout sur la notion d'aide, le métier de CIP se trouve directement heurté par le nouvel impératif de responsabilisation du détenu auquel il doit s'adapter. Mais pour l'instant, pris dans le débat entre assistanat et responsabilisation, la profession de CIP ressort, pour le moment, seulement plus confuse. Toutefois si l'absence actuelle

---

[95] *Ibid.* p. 67.

d'homogénéité de cette fonction nuit gravement à la profession (A), la pratique tend à prouver que toute définition trop stricte d'une politique de responsabilisation ne serait pas plus efficace (B).

A. L'absence nuisible d'homogénéité du métier de CIP : entre assistanat et responsabilisation

165. Le stage au SPIP de Bordeaux a été marqué, dès son commencement, par le discours du directeur sur l'hétérogénéité actuelle du métier de CIP, pris entre assistanat et responsabilisation. Les entretiens avec les divers professionnels ont conforté cette idée en mettant à jour deux tendances principales, les conséquences de cette dualité sur les détenus étant particulièrement néfastes.

166. Plus que tout autre, le métier de CIP manque aujourd'hui de cohérence, faisant l'objet des conceptions les plus variées. A travers la notion de responsabilisation, deux principales tendances opposées se dégagent.
D'un côté, certains CIP (souvent les anciennes assistantes sociales) ramènent systématiquement leur action à « *il faut aider le détenu* ». Ainsi au CD de Neuvic, un travailleur social rédige tous les courriers à la place des personnes incarcérées, devant eux sur ordinateur, ces derniers n'ayant plus qu'à les signer. Cette vision du métier conduit à faire du CIP un tuteur indispensable auquel les détenus font systématiquement appel, excluant la moindre tentative de responsabilisation.
De l'autre côté, se trouvent les CIP (souvent juste sortis de leur formation à l'ENAP) qui renvoient automatiquement le détenu à ses responsabilités. Au SPIP de Bordeaux, cette responsabilisation extrême est mise en œuvre par un travailleur social qui donne seulement les informations strictement nécessaires au détenu à charge pour ce dernier d'assumer seuls les diverses démarches.

Entre ces deux conceptions opposées, deux nombreuses nuances existent dans la responsabilisation et le détenu subit les effets de cette discordance.

167. L'hétérogénéité de la profession de CIP déroute doublement le détenu.

D'une part, elle crée une incertitude sur ce qu'il peut attendre de son travailleur social et sur le comportement qu'il doit adopter. Pour les personnes incarcérées de longue date, la confusion est accentuée par la possibilité de comparer le travail de plusieurs CIP qui peut alors le conduire à se plaindre d'un CIP qui n'exécuterait pas son travail correctement par rapport à un autre.

D'autre part, l'hétérogénéité crée des inégalités de traitement selon la philosophie du CIP qui suit un dossier. Certains détenus attendent consciemment que le CIP exécute à leur place les diverses formalités tandis que d'autres sont obligés de se prendre en mains, la difficulté et les conséquences n'étant évidemment pas les mêmes, surtout pour une responsabilisation future.

168. L'incertitude et les inégalités, toutes deux engendrées par l'hétérogénéité de la profession, empêchent, chacune à leur niveau, une responsabilisation cohérente du détenu. Cette hétérogénéité s'explique en grande partie par l'absence d'une politique d'insertion circonscrite à laquelle chacun pourrait se référer, ce qui conduit alors à plaider en faveur d'une telle politique. Toutefois la pratique soulève les limites de cette solution.

B. Les difficultés pratiques d'une politique stricte de responsabilisation

169. Face aux difficultés des CIP dans leur travail quotidien, accentuées par le nouvel objectif de responsabilisation du détenu, une meilleure définition de leurs fonctions

contribuerait à rationaliser cette profession et permettre à chacun d'évoluer en plus ou moins grande harmonie. Si le contenu de cette politique semble à peu près clair, la pratique n'admet pas de solution machinale et finalement la réponse réside avant tout dans la conscience de chaque CIP.

170. Une réelle politique favorable tant aux CIP qu'aux détenus devrait se situer entre les deux extrêmes aperçus précédemment alliant à la fois aide et responsabilisation dans un certain équilibre. Il faut simplement accepter qu'il existe différentes façons d'aider un détenu, la meilleure n'étant pas nécessairement la plus évidente.
Si le CIP se doit d'aider le détenu, ce ne peut être au détriment d'une responsabilisation indispensable en terme de préparation à la sortie. Au contraire il se doit d'encourager celle-ci en confiant des responsabilités au détenu dès que cela apparaît possible. Et ce n'est que lorsque ces responsabilités semblent insurmontables, qu'il peut reprendre un rôle plus actif, d'abord par un soutien puis, si nécessaire et en dernier recours, en agissant en lieu et place du détenu. C'est dans cette hiérarchie de l'action que peut se trouver une cohérence et la place de la responsabilisation.
Par exemple, le CIP n'a pas à contacter une banque pour le détenu si celui-ci peut lui-même lui téléphoner ou écrire. En revanche le travailleur social peut et doit donner au détenu les coordonnées de la banque ou lui indiquer le contenu du courrier. A l'idéal, dans une démarche progressive de responsabilisation, le CIP donnerait des consignes lors d'un premier entretien, puis prendrait le temps d'en vérifier l'exécution lors d'un second, avant que le détenu puisse agir seul les fois suivantes. Un tel système supposerait des moyens en temps dont les CIP ne disposent pas et ferait du travailleur social un professeur. Mais il est vrai que la responsabilisation revient toujours à une pédagogie comme de jeunes enfants apprennent à se passer peu à peu de leurs parents, sous l'œil toujours attentif de ces derniers.

Aujourd'hui aucune politique globale n'est donc identifiée, laissant les CIP dans une situation ambiguë, mais par exception, il a pu être constaté que le SPIP d'ANGOULEME a particulièrement bien défini sa politique et que les travailleurs sociaux appliquent de manière relativement uniforme l'idée de responsabilisation du détenu, mais cela n'exclut pas des situations exceptionnelles.

171. Si la détermination d'une politique globale s'avère indispensable, elle ne résout pas tous les problèmes. Un exemple concret observé au centre de détention de Neuvic cristallise ces difficultés insurmontables. Un détenu ne pouvant pas cantiner des chaussures de sport exposées en vitrine, s'est fait prêter l'argent par un codétenu. En absence de remboursement, il se retrouve dans une situation délicate et demande au CIP de mentir à sa mère sur une éventuelle prochaine PS pour qu'elle lui envoie de l'argent. Que doit faire le CIP dans ce cas présent ?
Le CIP peut légitimement hésiter sur le comportement à adopter. Bien évidemment sa déontologie lui interdit de mentir et la responsabilisation du détenu exige qu'il assume seul les conséquences de ses actes. Mais l'intégrité physique du détenu est ici en jeu et il n'est pas certain que la responsabilisation doit devenir automatique et aveugle : elle doit avoir lieu pour le bien du détenu et non au détriment de sa santé. Ainsi la responsabilisation du détenu semble difficilement conciliable avec une conception trop arrêtée, elle résiderait plutôt dans un ensemble de nuances au sein desquelles les divers praticiens doivent opter en fonction des situations particulières. C'est alors seule la conscience personnelle du CIP qui pourra le sortir de cette impasse.

172. Dans ses relations avec les détenus responsabilisés, le CIP doit faire preuve de pragmatisme pour adapter au mieux son comportement. Seule sa réflexion et un choix personnel peuvent aujourd'hui guider ses actions. Par ce

biais, la responsabilisation du détenu se cumule avec celle du personnel pénitentiaire et exige une confiance dans la manière que chacun a de pratiquer sa profession.

Mais le CIP doit aussi garder confiance en lui-même : « *le travailleur social doit perdre une logique de culpabilisation fréquente* »[96]. Lorsqu'un projet de réinsertion échoue, il faut s'ôter de la tête les réflexions telles que «*je n'ai pas fait ce qu'il fallait* » ou «*je n'ai pas été bon dans ce projet* ». C'est le détenu qui a échoué et non le CIP. Pour reprendre les termes de M. CUSSON dans son intervention lors du cinquantième anniversaire de la réforme AMOR, « *la réinsertion procède d'une décision prise par nul autre que l'intéressé lui-même* ». L'administration pénitentiaire ne peut que participer à la réinsertion en en fournissant les moyens. Cette restauration de la part individuelle du détenu dans un échec de la réinsertion se retrouve à l'identique dans le cadre de la responsabilisation qui, comme cela a été indiqué, dépend en grande partie du détenu lui-même.

---

[96] Propos recueillis au cours d'un entretien avec Monsieur P. POTTIER, directeur du SPIP Charente.

Conclusion

173. Face à l'échec unanimement admis des prisons, cette étude rejoint le bilan établi par L. LE CAISNE sur les causes de ce problème : *« si la prison échoue, ce n'est pas tant parce que trop d'établissements sont encore insalubres (...), ce n'est pas tant parce qu'elle offre des emplois peu qualifiés et propose peu de formations (...). Ce n'est pas tant parce que les détenus y apprennent les techniques criminelles des délinquants chevronnés (...). Ce n'est pas tant non plus parce que l'incarcération enferme les condamnés dans un monde imaginaire ou encore parce qu'elle suscite chez les plus fragiles un sentiment de malédiction et chez les plus résistants une révolte décuplée contre la société, autant de critiques faites à l'institution. C'est plutôt et surtout parce qu'elle place les individus dans la situation infernale où il leur est impossible de se construire ou de se reconstruire, voire même parce qu'elle est par elle-même un lieu de déconstruction de soi. Un mal encore sans solution »*[97]. Pour autant, elle essaie de promouvoir la responsabilisation comme remède, encore trop sous exploité, au problème structurel de la détention dénoncée comme un lieu de non vie.

174. Par un phénomène d'analogie vis à vis de la société extérieure, la responsabilisation du détenu connaît aujourd'hui un essor notable dans la vie carcérale. La logique de responsabilisation s'est développée à travers diverses mesures qui contribuent à faire du détenu un sujet actif qui

---

[97] Cf. L. LE CAISNE, *Une ethnologue en centrale*, édition O. Jacob, 2000, p. 13.

s'assume. D'abord, si le détenu a toujours eu à répondre de ses actes en détention, désormais sa prise de conscience et son implication sont renforcées. En outre la multiplication de ses droits lui permet, dans une certaine mesure, de se prendre en charge dans les gestes quotidiens et de retrouver ainsi un contrôle de sa vie. Dans ces conditions, la responsabilisation du détenu a trouvé une place et sa légitimité.
Pour autant, au-delà de cette volonté de responsabilisation, l'expérience concrète du terrain pénitentiaire fait place à la désillusion et conduit à nuancer les apports concrets de la responsabilisation. En effet elle demeure confinée dans un rôle très restreint : peu appliquée, ses résultats s'avèrent décevants tant elle doit s'aménager non seulement aux exigences du milieu, de l'administration pénitentiaire mais aussi des détenus. Ainsi, « *de l'impérieux équilibre permettant tout à la fois de respecter la liberté individuelle et d'affermir l'efficacité de la justice pénale, résulte nécessairement une responsabilisation mesurée* »[98]. Cependant la marginalisation actuelle semble aller bien au-delà de cette mesure nécessaire. La question est alors de savoir si cette marginalisation est inéluctable ou si elle n'est que passagère.

175. En réalité, au terme de cette étude, il apparaît que la responsabilisation représente, à l'échelle de l'histoire pénitentiaire, un phénomène particulièrement récent auquel il faut tout simplement laisser le temps de s'épanouir. En effet si le milieu carcéral s'est largement ouvert ces dernières années, il reste que les mentalités y évoluent encore lentement, notamment lorsqu'il s'agit de faire place à des idées aussi nouvelles que la responsabilisation. Aujourd'hui il semble que ce monde ne soit tout simplement pas encore vraiment prêt à accueillir la notion de responsabilisation dans sa globalité.

---

[98] Cf. S. MENU, *Du rôle de la volonté du détenu dans l'exécution de sa peine*, thèse, 2004.

Toutefois le mouvement d'introduction de la responsabilisation est bien amorcé, et aucune des limites étudiées ne démontre une opposition franche à ce concept. Dans ce cadre, la marginalisation actuelle de la responsabilisation du détenu constitue peut être paradoxalement un avantage comme gage de réussite de son intégration profonde dans le milieu pénitentiaire. En effet, une notion ne doit pas s'implanter de force sous peine de soulever des réticences inutiles, elle doit savoir se faire accepter progressivement en respectant l'univers dans lequel elle s'inscrit. Alors la marginalisation permet de laisser à la notion de responsabilisation le temps de faire ses preuves, puis progressivement elle pourra conquérir de nouveaux espaces, même si elle n'aura jamais la prétention de devenir une priorité absolue dans un monde qui doit gérer des difficultés bien particulières et où la peine doit garder une dimension afflictive irréductible.

Aujourd'hui, tant que la volonté politique sera encore accès sur la valorisation de la responsabilisation du détenu, l'avenir de la notion semble assurée, même si elle prendra nécessairement du temps et rencontrera encore de nombreux obstacles.

Index

Les chiffres indiqués renvoient aux numéros des paragraphes de l'ouvrage.

Bibliographie

Les ouvrages

✓ M. ANCEL, *La défense sociale*, édition PUF, 1985, 127 p.

✓ C. BECCARIA, *Traité des délits et des peines*, édition Flammarion, 1991, 187 p.

✓ A. BOUBLIL, *La chambre 220*, éditions Du Rocher, 1997, 206 p.

✓ B. BOULOC, *Pénologie*, édition Dalloz, 2005, 508 p.

✓ J.P. CERE, *Le droit disciplinaire en prison*, édition l'Harmattan, 2001, 125 p.

✓ A. CHAUVENET, F. ORLIC, G. BENGUIGUI, *Le monde des surveillants de prison,* édition PUF, collection sociologies, 1994, 232 p.

✓ O. CLIGMAN, L. GRATIOT, J.C. HANOTEAU, *Le droit en prison*, édition Dalloz, 2001, 342 p.

✓ M. FOUCAULT, *Surveiller et punir*, édition Gallimard, 1993, 369 p.

✓ J.P. GUENO, *Paroles de détenus*, édition Librio, 2004, 188 p.

✓ E. GOFFMAN, *Asiles*, éditions de Minuit, collection Le sens commun, 1968, 447 p.

✓ L. LE CAISNE, *Prison, une ethnologue en centrale*, édition O. Jacob, 2000, 394 p.

✓ J. LEAUTE, *Les prisons*, édition PUF, collection Que sais-je ?, 1990, 127 p.

✓ G. LEMIRE, *Anatomie de la prison*, Presse universitaire de Montréal, 1990, 125 p.

✓ P. MBANZOULOU, *La réinsertion sociale des détenus-De l'apport des surveillants de prisons et des autres professionnels pénitentiaires*, édition l'Harmattan, Sciences criminelles, 2000, 320 p.

✓ OIP, *Le guide du prisonnier*, édition La découverte, 2004, 576 p.

✓ J. PRADEL, *La condition juridique du détenu*, édition Cujas, 1993, 316 p.

✓ *Le projet un défi nécessaire face à une société sans projet*, ouvrage collectif, édition l'Harmattan, collection logiques sociales, 1992, 425 p.
✓ O. SCHUTTER et D. KAMINSKI, *L'institution du droit pénitentiaire : enjeux de la reconnaissance de droits aux détenus*, édition LGDJ, collection La pensée juridique, 2002, 307 p.
✓ J.H. SYR, *Punir et réhabiliter*, Paris, édition Economica, 1990, 135 p.
✓ V. VASSEUR, *Médecin chef à la santé*, édition Cherche midi, 2000, 201 p.
✓ J. VASSILEFF, *Histoire de vie et pédagogie du projet*, Chronique sociale, Lyon, 3ème édition 1999, 132 p.
✓ C. VEIL et D. LHUILIER, *La prison en changement*, édition Erès, 2000, 305 p.

Les mémoires, les thèses, les rapports

✓ E. AGUS, *La place du projet dans la vie carcérale des détenus condamnés à une longue peine ou comment la conduite du projet permet au détenu de passer d'une logique d'adaptation à une logique de projection ?*, mémoire, ENAP, 2000, 55 p.
✓ M. AURIOL, *L'attente du détenu*, mémoire, ENAP, 2000, 44 p.
✓ J.P. CHAMPION, *Le traitement pénitentiaire des détenus au centre de détention de Mauzac : un modèle à consolider*, mémoire, ENAP, 2001, 42 p.
✓ A. CHARBONNIER, *Le PEP : outil de gestion de la population pénale ou véritable instrument d'individualisation de la peine ?*, Mémoire, ENAP, 2001, 87 p.
✓ M. HERZOG EVANS, *La gestion du comportement du détenu*, édition l'Harmattan, thèse, 1994, 329 p.
✓ C. HELLOIN, *L'itinéraire carcéral des détenus, obstacle ou atout pour la réinsertion*, thèse, Poitiers, 1999
✓ J.J HYEST et G.P CABANEL, *Prison une humiliation pour la République*, commission d'enquête sur les conditions de détention dans les établissements pénitentiaires en France, rapport du sénat n°449, 2000, 551 p.
✓ G. ISLAND, *Dans quelle mesure le détenu peut-il s'impliquer dans la gestion de son projet d'exécution de peine ?*, mémoire, ENAP, 2001, 68 p.
✓ L. MERMEZ et J. FLOCH, *La France face à ses prisons*, commission d'enquête sur la situation des prisons françaises, 2000, tome I rapport n°2521 de l'assemblée nationale 328 p. et tome II auditions 565 p.

✓ S. MENU, *Du rôle de la volonté du condamné dans l'exécution de sa peine*, thèse, Poitiers, 2004.

Les articles de revue

✓ J.P. CERE, Les droits des détenus sous la cinquième République : de réel progrès ?, *Revue française d'administration publique*, juillet 2001, pp. 417 à 426.
✓ J.P. CERE, Des limites aux droits des détenus, *Problèmes juridiques et sociaux*, n°902, juillet 2004, pp. 27 à 31.
✓ M. HERZOG EVANS, Prétoire : défense introuvable, *Les petites affiches*, n°94, le 6 août 1997.
✓ G. Du MESNIL du BUISSON, Réflexion sur les rôles du juge et du médecin dans l'intelligibilité de la peine et son évolution, *Revue de sciences criminelles,* n°4, octobre 1995, p. 839 et suivantes.
✓ C. FAUGERON et P. TOURNIER, La crise des prisons, *Regard sur l'actualité*, n°163, juillet 1990, pp. 17 à 31.
✓ M. GASSIN, Les fondements juridique de la réinsertion des délinquants en droit positif français, *Revue de sciences criminelles*, n°2, juin 1996, pp. 443 à 460.
✓ N. GUIBERT, La concurrence met en péril le travail en prison, *Le Monde*, 10 avril 2005.
✓ *Prisons-Justice*, n° spécial mai 2003, Quels contrats pour quelles prisons ?, 35 p.
✓ *Projet*, revue trimestrielle n° 269, 2002, dossier « Prisons les verrous et le droit », 148 p.
✓ C. SOULE, reportage « La prison de Mauzac, une expérience unique », dossier « Peut-on améliorer les prisons », *La Une*, août 2001.

Les vidéos et les sites Internet

✓ Cassette vidéo *Les clés de Mauzac*, 1987
✓ www.genepi.fr
✓ www.legifrance.gouv.fr
✓ www.prison.eu.org

Table des matières

Les chiffres indiqués renvoient aux numéros des pages de l'ouvrage.

www.ingramcontent.com/pod-product-compliance
Lightning Source LLC
LaVergne TN
LVHW051355061026
849535LV00009B/3200
* 9 7 8 2 2 9 6 0 1 3 2 3 0 *